Piloter son VTT

Bertrand RABATEL

Photos
Jacques-Marie FRANCILLON
Ludmilla RIDOIN

Dessins
Pierre KATARINCEK-ROCHAT

Glénat

MAVIC
FRANCE
Banca Intesa
7
40
FOX
www.arcenciel.com

PRÉFACE

La pratique du VTT est de plus en plus répandue. Et si (presque ?) tout le monde sait faire du vélo, le milieu dans lequel on évolue à VTT peut présenter certaines difficultés qu'il vaut mieux pouvoir surmonter afin de prendre un maximum de plaisir.

www.arcenciel.com

Savoir éviter des obstacles, maîtriser son VTT à tout moment, ou bien encore choisir sa trajectoire, vous permettra d'accéder à des endroits magnifiques et inaccessibles en toute sécurité... d'avoir des sensations uniques !

Que ce soit pour la performance ou juste pour le plaisir de rouler, toutes ces techniques de bases sont nécessaires. Et comme tous les champions, il vous faudra vous entraîner, pratiquer autant que possible pour maîtriser tous ces gestes et « faire corps » avec votre VTT. Aujourd'hui, vous avez la chance, grâce à cet ouvrage, de bénéficier de l'expérience et des conseils des Moniteurs Cyclistes Français. Il vous permettra de progresser rapidement et sereinement.

Dans ce livre, vous trouverez des idées, des solutions, des techniques nouvelles. Il sera votre guide pour mieux comprendre les éléments clés de la pratique du VTT : votre vélo, votre pilotage et le terrain de jeu.

À chacun son rythme, l'essentiel est de se faire plaisir et n'oubliez pas que sans tous ces petits chemins on ne pourrait pas rouler, alors préservez-les...

Bon ride !

Anne-Caroline CHAUSSON

16 fois Championne du Monde de VTT
Championne Olympique en BMX - Pékin 2008

KONA
MAXXIS
MCT

PRÉAMBULE

Nous sommes près de 7 millions de Français à parcourir notre beau pays à VTT. Quelle liberté, quel bonheur !

Et si vous roulez à VTT, vous avez forcément vécu des galères : ennuis mécaniques, logistiques, ou simplement dû mettre pied à terre pour éviter une chute... Cela est le cas pour la plupart des activités dans lesquelles on débute, mais encore plus à VTT car le terrain naturel est très varié et le matériel est sophistiqué.

Pourtant, le vélo est un formidable jouet : un engin qu'il faut s'approprier, dompter, sans quoi vous risquez d'être dépassé par votre machine... Si une formation existe pour conduire un cyclomoteur, une voiture, une moto (ou même un monte-charge !), il n'y a rien pour le vélo, alors que c'est le premier engin utilisé dans la vie de tout citoyen. Sans compter que les bases de la conduite que vous allez découvrir dans ce livre sont identiques pour tous les véhicules : trajectoires, freinage, prise d'informations...

Si ce livre s'appelle *Piloter son VTT*, c'est bien pour vous montrer des techniques et vous permettre d'avoir des sensations qui feront que vous vous amuserez sur un vélo et prendrez du plaisir à piloter !

Discipline technique par définition, le vélo tout terrain se pratique sur des circuits naturels, inconnus et variés, comportant des éléments techniques parfois complexes à franchir.
Il y a alors deux manières de voir les choses : soit refuser l'obstacle et se dire que l'homme n'est pas capable de s'adapter, soit chercher à apprendre, à progresser, et par conséquent réussir ce dont on était incapable hier.

Après plus de 15 ans au service de l'enseignement des activités sportives, je ne connais aucune personne volontaire qui n'y soit pas parvenue. Certes l'objectif ne doit pas être trop ambitieux. Vous ne roulerez pas sur la roue arrière en 15 jours, mais les progrès sont tellement rapides que le plaisir vous gagnera dès le début et vous ne ferez plus jamais du vélo comme avant !
C'est l'objectif de ce livre...

Bonne lecture.

Bertrand RABATEL

SOMMAIRE

SOMMAIRE

POUR BIEN PILOTER

LES ACROBATIES

LA MÉCANIQUE

POUR CONTINUER À PROGRESSER

Ce livre se veut pratique : en quelques minutes, vous devez comprendre la technique et trouver les astuces qui vous permettront d'améliorer votre geste.

Plutôt que de longues explications, j'ai préféré des schémas, des illustrations ou des photos, plus attractifs et plus explicites. Néanmoins, certaines choses ne peuvent pas se montrer. Lisez donc attentivement les descriptions des techniques. Vous pouvez même emporter ce livre dans votre sac. Il n'y a pas meilleure manière d'apprendre que d'aller sur le terrain pour répéter un geste après avoir compris les explications théoriques. Le VTT s'apprend avant tout avec sa tête. Ce n'est pas un sport de « bourrins » !

Ceux qui roulent déjà depuis quelques années auront tendance à ne lire que les derniers chapitres sur les techniques les plus pointues, ce qui est une grave erreur. Comme la plupart, vous avez appris seul et de nombreuses notions de base ne sont certainement pas acquises correctement. Des pilotes de très haut niveau font même encore souvent des erreurs de base !

Je vous conseille donc de lire tous les chapitres, quel que soit votre niveau. Seul le chapitre 8 sur la mécanique ne vous servira que lorsque vous en aurez besoin.

N'hésitez pas à emporter ce livre sur le terrain...

Pour que la lecture des pages et l'acquisition des mécanismes physiques et biomécaniques soient rapides, j'ai utilisé plusieurs repères facilement identifiables sur chaque technique. Ils vous sont expliqués ci-après.

Les erreurs à éviter

Tout au long du livre, vous découvrirez un bonhomme tubulaire créé pour l'occasion par un artiste moniteur. Ces illustrations vous montreront les positions à éviter : celles qui limitent votre progression.

Des flèches ou des schémas

Les photos sont une source d'informations inégalable... Mais encore faut-il correctement les lire. Pour vous aider, des flèches, des traits ou encore des cercles apparaissent afin de mieux comprendre le mouvement et les actions.

Les pictogrammes

Pour de nombreux gestes, les points de repères très importants sont rappelés par des pictogrammes. Ils vous permettent de voir en un clin d'œil les points clés pour réaliser la bonne technique.

prendre de la vitesse

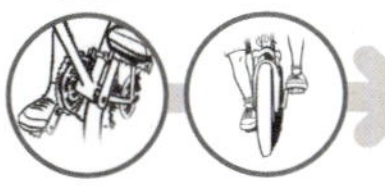
appui sur la pédale extérieure ou avale

pédalage obligatoire

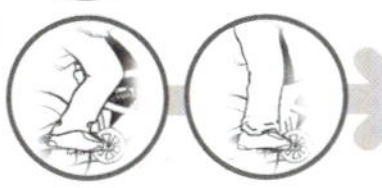
jambes fléchies ou jambes tendues

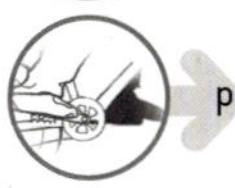
pédales au même niveau

freinage obligatoire ou interdit

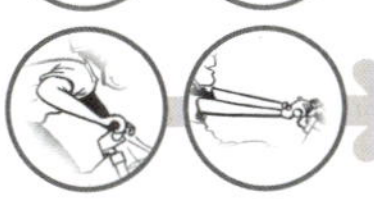
épaules avancées (coudes fléchis) ou épaules reculées (bras tendus)

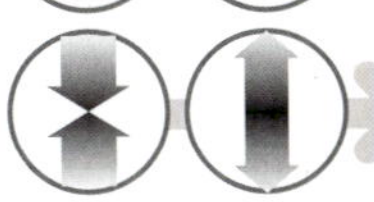
compression - abaissement ou extension - allégement

Lexique

Les termes suivis d'un astérisque* sont expliqués dans le lexique en page 166.

Des «photos séquences»

Les gestes très rapides sont décortiqués par un plan séquence. Celui-ci vous permet de bien comprendre l'enchaînement dans lequel le geste est déclenché.

Que vous débutiez le VTT ou que vous rouliez depuis 10 ans, ces quelques pages vous proposent une synthèse des points capitaux pour organiser votre pratique et la faire découvrir dans les meilleures conditions à votre entourage...

Généralités

Le VTT : pour qui ?

Tout le monde peut rouler à VTT : c'est un des rares sports de nature qui se prête à une pratique entre amis ou en famille, quel que soit le niveau technique ou physique de chacun, à condition que l'itinéraire soit adapté aux plus novices. Les experts pourront soit jouer sur les bords des chemins, soit s'entraîner en gravissant à un rythme élevé les montées pour revenir chercher les moins rapides. Il y en aura pour tous les goûts...
D'un point de vue technique, **tout le monde pense savoir faire du vélo, et donc aussi du VTT !** Ce livre devrait vous démontrer le contraire et vous motiver à parfaire votre technique. Vous devez chercher à progresser par rapport à vous-même, sans vouloir vous comparer aux autres. C'est ce qui vous apportera le plus grand plaisir, et surtout, vous serez sûr d'y arriver.
Une condition semble cependant nécessaire : accepter les échecs ! Car si l'apprentissage permet inéluctablement de progresser, celui-ci passe également par des phases moins glorieuses où il faut savoir être patient. Cet échec se traduit parfois par une chute ! C'est le jeu, tout comme vous n'avez pas appris à marcher sans quelques gamelles !
La chute fait partie de l'activité VTT. Il vous reste à en limiter les conséquences. Ne roulez jamais sans protections : le casque et les gants sont obligatoires. Pour des séances de technique ou de descente, dorsale, coudières, protège-tibias peuvent compléter la panoplie. Mais c'est surtout par une meilleure technique que vous gagnerez en sécurité. Car plus on progresse, moins on tombe. Et si cela arrive, on se rattrape mieux !

On ne réussit pas (toujours) du premier coup !

Les explications que vous trouverez dans cet ouvrage vous permettront de progresser plus rapidement, et plus en sécurité. Vous verrez qu'avec de bons conseils et un brin de motivation, votre progression sera très rapide. Si votre envie est fondamentale, il faut néanmoins être bien accompagné. Vous pouvez bien entendu apprendre seul(e), mais les indications que vous trouverez dans ce livre sont issues de 15 ans d'expérience dans l'apprentissage du VTT. Elles vous éviteront bien des déboires ou des galères et mettront l'accent sur les points essentiels qui vous feront progresser.

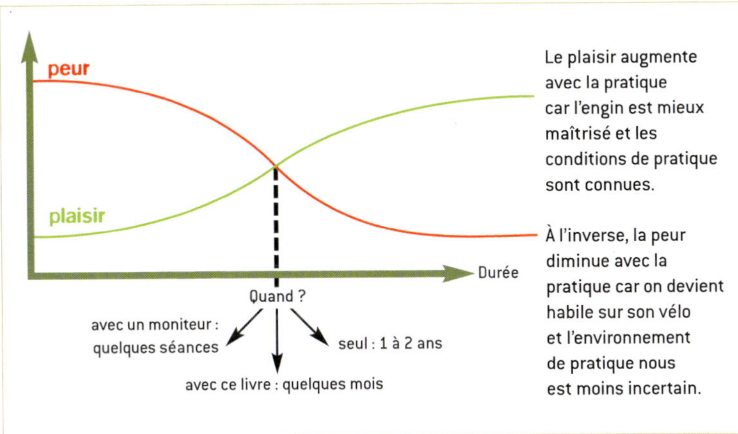

Ainsi, **vous gagnerez un temps précieux dans la découverte du plaisir de piloter.** Et plus le plaisir augmentera, plus vous vous engagerez dans l'activité. D'autant plus que cet engagement est essentiel pour apprendre. Mais il est vrai qu'au début, le plaisir est réduit par la sensation de peur induite par le manque de maîtrise et l'inconnue.
Comme le montrent les courbes ci-dessus, votre objectif est d'inverser ces émotions pour que le plaisir prenne le dessus par rapport à votre appréhension. L'échéance dépend de votre mode d'apprentissage.
Seul, vous risquez d'attendre longtemps et de vous dégoûter. Avec ce livre, vous découvrirez rapidement les secrets du pilotage VTT. Votre plaisir n'en sera que plus rapide et plus intense. Mieux encore, quelques séances avec un moniteur professionnel débloqueront certaines appréhensions ou de vieux réflexes que vous avez appris auparavant.
Chacun trouvera son bonheur dans des cours de pilotage VTT. Les enfants acquerront les bases techniques, pour le plus grand plaisir de leurs parents, qui pour leur part chercheront plus d'aisance pour leurs sorties dominicales. Quant aux ados ou adultes en mal de sensations, ils n'ont pas fini de s'amuser ! Quel que soit notre âge, le vélo restera toujours notre premier cadeau pour nous évader : un jouet pour les petits... mais aussi et toujours pour les grands !

Tout le monde peut s'amuser sur un VTT.

Le VTT possède l'énorme avantage que, une fois le vélo et l'équipement achetés, le coût de revient de l'activité est très faible. À part un peu d'essence pour se rendre parfois sur un lieu de départ et quelques réparations, vous pouvez pratiquer sans dépenser. C'est une des rares activités sportives qui peut commencer à la porte de chez vous, se pratiquer partout en France, sans installations ou aménagements coûteux...
Quelle que soit votre bourse ou celle de vos amis, vous pouvez organiser des sorties VTT pour le plus grand bonheur de tous, y compris celui des enfants. Car c'est bien en groupe, et surtout en famille, que le VTT apporte le plus de satisfactions : plaisir de partager une activité sportive, de découvrir une région, de contempler des paysages, la nature... et franches rigolades dans la boue, défis sur la montée, sensations dans la descente... Chacun trouvera sa place dans le groupe.
Sachez aussi qu'il existe une variante du VTT qui s'appelle FTT : le Fauteuil Tout Terrain. Cet engin à trois ou quatre roues permet aux personnes à mobilité réduite d'arpenter des chemins où même certains valides n'iraient jamais poser leurs deux roues... Si vous côtoyez des personnes qui ne peuvent accéder au VTT, quelle que soit la raison, faites-leur essayer le FTT. Quelques minutes suffisent pour être à l'aise et devancer bon nombre de vététistes... Le FTT est un engin magique : il permet aux personnes qui en étaient éloignées, de pratiquer un loisir dans la nature avec ses amis, sa famille. Quel bonheur de repartir à la découverte du monde !
Car le VTT est avant tout une activité de déplacement. Si vous cherchez à progresser techniquement grâce à ce livre, la finalité doit rester de rouler sur les beaux itinéraires de France... voire plus loin ! Le vélo se prête particulièrement bien aux voyages. En vacances, cette activité vous fera « gagner » de l'argent, car à part une carte ou un topo-guide, les balades restent, et resteront encore pendant longtemps, gratuites ! Les plus sportifs se programment même des séjours uniquement à vélo, sous forme de raids. Dans ce cas, votre technique devra être encore plus aguerrie, car avec la fatigue, le poids des bagages, les douleurs éventuelles ou l'inattention, les fautes de pilotage arriveront rapidement et la fin du voyage le pourrait aussi, soit par un incident matériel, soit par un problème physique...
Vous voyez que votre maîtrise technique doit être au top...

Le tout-terrain sur 2,3 ou 4 roues.

Où pratiquer ?

Partout

Nous sommes dotés en France d'un réseau de chemins impressionnant. C'est une chance que nous ne savourons pas assez et dont nous n'avons pas conscience. Si vous voyagez à vélo, même en Europe, vous vous rendrez compte de notre richesse. Le VTT permet donc de sillonner les régions, mais encore faut-il savoir où aller. Tous les chemins ne sont pas autorisés (voir pages suivantes) et surtout, il n'existe pas ou peu de panneaux de signalisation comme sur la route. Les Conseils Généraux, qui ont en charge le PDIPR (Plan départemental des itinéraires de promenade et de randonnée) balisent certains secteurs (comme le panneau jaune sur la photo ci-dessus), mais cela ne consiste pas forcément en un circuit, et tous les chemins sont pas balisés.

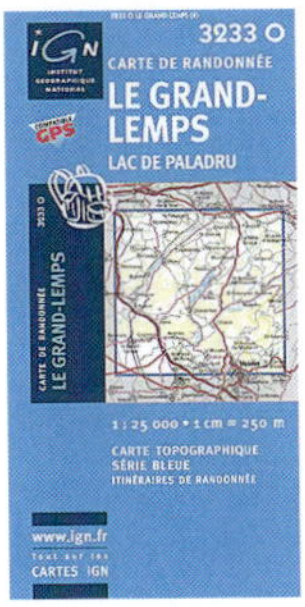

Pour ne pas vous perdre, mais aussi pour découvrir de nouveaux sentiers, je vous conseille d'acheter la carte IGN (série bleu ou TOP 25) de votre secteur. À l'échelle 1 : 25 000, c'est la plus précise des cartes et tous les chemins, toutes les habitations, tous les reliefs et la végétation y sont indiqués. Reste maintenant à savoir lire une carte, mais ce n'est pas l'objet de ce livre.

Le VTT peut aussi se pratiquer en ville, sous sa forme *Street*. Les trottoirs et escaliers sont de bons terrains de jeu, mais les aménagements urbains n'ont pas été conçus pour cela et sont surtout utilisés pour d'autres choses... Force est de constater que le vététiste n'y est pas forcément le bienvenu. Il faut savoir laisser la place au piéton sur les espaces qui lui sont réservés pour que la cohabitation soit la meilleure possible.

Exemple d'une campagne de sensibilisation initiée par les Moniteurs Cyclistes et le Ministère des Sports

Les espaces dédiés au VTT

Si tous les terrains semblent adaptés au VTT, certains le sont plus que d'autres, soit par leurs caractéristiques (tracé, denivelée, sol...), soit par les services qui y sont associés.

Il existe des itinéraires balisés spécifiquement pour le VTT. Je ne saurai vous conseiller rien de mieux que ces circuits qui ravissent de nombreux vététises et évitent de sortir la carte à chaque carrefour. Ils sont labellisés par la Fédération française de cyclisme (FFC) ou par la Fédération française de cyclotourisme (FFCT). Les critères de labellisation sont sensiblement les mêmes et les balises (ci-contre) sont identiques. Quatre niveaux de difficultés ont été distingués pour ces circuits qui sont avant tout des itinéraires de randonnée et de découverte :

vert : très facile
bleu : facile
rouge : difficile
noir : très difficile

Un guide résumant l'ensemble des sites en France est édité chaque année par ces fédérations. Sinon, vous trouverez la liste des 174 sites VTT-FFC sur www.sitesffc.fr et celle des 55 bases d'activités VTT FFCT sur www.ffct.org

Aussi, de nombreuses collectivités ont balisé des itinéraires pour la randonnée VTT. Renseignez-vous à la mairie, au syndicat d'initiative ou à l'office du tourisme. **Choisir un itinéraire balisé, c'est l'assurance de trouver des chemins adaptés au VTT et autorisés pour sa pratique**, ce qui ne sera pas forcément le cas si vous organisez vous-même votre circuit. En effet, certains itinéraires idéalement balisés pour la randonnée pédestre, comme les chemins de Grande Randonnée (GR) sont souvent inadaptés au VTT.

L'office de tourisme est souvent le point de départ des itinéraires balisés.

Les espaces aménagés pour le VTT

Certains terrains sont même spécifiquement créés pour la pratique du VTT. On trouve notamment :

- des champs de bosses (terrain avec de nombreuses lignes de bosses pour faire des figures, appelé aussi terrain de dirt*) ;
- des *Bike-Parks* (appellation que l'on trouve un peu partout en France pour désigner un espace ou un site entièrement dédié et aménagé pour le VTT, avec parfois des zones ludiques pour tout niveau et souvent de gros obstacles pour les experts) ;

- des *pumptracks* (piste circulaire, à plat, composées d'une multitude de bosses de faible hauteur et de virages relevés qui s'enchaînent et permettent (c'est le but), de travailler le pompage* et ainsi d'évoluer sans mettre un coup de pédale) ;
- enfin, des pistes de descente, souvent dans les stations de montagne, à l'image du ski alpin, avec leur service de remontées mécaniques. C'est l'occasion unique de vivre des vacances à la montagne entre amis, comme en hiver, et de découvrir de nouvelles sensations... fortes ! Pour la pratique du VTT descente, un vélo adapté, par sa géométrie, son équipement (pneus...) et ses suspensions à gros débattements est indispensable, tout comme les protections intégrales.

Il existe aussi quatre niveaux de difficultés, comme pour les circuits de randonnée, mais avec une balise différente, en losange (exemple sur la photo ci-dessous) :

vert : très facile **bleu** : facile
rouge : difficile **noir** : très difficile

Attention, le VTT descente n'est pas la même chose qu'une descente sur un circuit de randonnée. Il y a souvent plus de pente, des obstacles, des sauts... N'hésitez pas à faire appel à un moniteur pour découvrir en toute sécurité cette pratique très ludique.

À éviter

Le VTT, outil idéal pour découvrir chaque région, est une activité qui peut se pratiquer partout en France. C'est une grande richesse que nous offre la Nature. Mais comme toute richesse, il faut savoir la préserver étant donné que notre activité a forcément un impact sur le milieu naturel et son évolution, comme toute présence humaine.

D'ailleurs, certains terrains sont plus délicats et nous éviterons d'y rouler pour différentes raisons :

- soit parce que le degré d'érosion est important (ravines, ocres…) ;
- soit parce que le milieu naturel y est fragile et que la présence de l'homme doit être raisonnée ;
- soit parce qu'une activité s'y déroule : coupe de bois, chasse, activité pastorale…
- soit parce que la fréquentation est déjà très importante (sentier botanique, arboretum…).

C'est pourquoi la pratique du VTT est réglementée sur certains chemins, en partie ou totalement, à l'année ou sur une période limitée. Il faut alors respecter cette réglementation sous peine de montrer une mauvaise image des vététistes qui, à long terme, nous desservira.

Voici les types d'interdictions que vous pouvez trouver et les raisons les plus courantes qui les justifient :

- un arrêté municipal ou préfectoral peut interdire la pratique du VTT pour des raisons de sécurité (chemin dangereux), de cohabitation avec d'autres publics (itinéraire de découverte botanique) ou pour des raisons écologiques (protection d'une espèce animale ou végétale) ;
- certains chemins, notamment dans le sud de la France, sont réservés l'été à l'accès des véhicules de lutte contre les incendies. Ce sont les chemins DFCI (Défense de la Forêt Contre les Incendies) ;
- certaines zones, principalement en montagne, sont préservées et certaines activités y sont interdites. C'est le cas des parcs nationaux (Écrins, Vanoise, Pyrénées…), et parfois de secteurs limités, comme une réserve naturelle…

Toutes ces interdictions sont indiquées sur le terrain (aux différentes entrées de la zone réglementée) par un panneau du type de celui ci-contre à gauche. Un autre panneau (plus connu car issu du Code de la Route) interdit l'accès à tous les véhicules dont le VTT : c'est le panneau « B zéro » ci-contre à droite.

Par ailleurs, tous les chemins de France ne sont pas autorisés à la circulation publique. En effet, de très nombreux chemins sont privés. Beaucoup appartiennent à des propriétaires privés. Dans ce cas, si ces derniers ne souhaitent pas que l'on roule sur leurs biens, il faut qu'ils le signalent à l'entrée.

D'autres appartiennent au domaine privé de l'État, qui, parfois, délègue leur gestion à l'Office national des forêts. C'est le cas des forêts domaniales par exemple. Vous trouverez alors des panneaux et parfois des barrières qui indiquent que la circulation de véhicules n'est pas autorisée. Et malheureusement, le vélo est considéré comme un véhicule, au même titre qu'un cheval ou un quad. Pourtant, certaines pratiques sont plus dommageables que d'autres…

Si vous rencontrez des panneaux interdisant la pratique du VTT ou de tout véhicule avec le panneau B0, n'enfreignez pas la règle. Cela donnerait une mauvaise impression et par conséquent renforcerait l'idée de vouloir limiter notre pratique. Mieux vaut se renseigner pour connaître la raison de cette interdiction, ce qui vous permettra de mieux comprendre la réglementation. *A contrario*, certaines interdictions peuvent être abusives. Pour veiller à respecter l'équilibre entre leur pratique et la nature, les vététistes sont fédérés dans une association : la Mountain Bikers Foundation. D'un côté cette institution veille à la conservation du droit de rouler sur les merveilleux chemins de France, et de l'autre elle développe des actions pour sensibiliser les pratiquants à un peu plus de responsabilités, notamment l'entretien des chemins, l'entente avec les autres pratiquants. N'hésitez pas à soutenir cette association qui nous représente tous et défend le VTT, par un don ou une adhésion. Vous trouverez plus d'infos sur : www.MountainBikers-foundation.com

MBF Mountain Bikers Foundation

PRÉVENTION PLUTÔT QUE RÉPRESSION

Sachez que la pratique du VTT pourrait même être interdite sur les chemins de moins de 2,50 mètres si l'on s'en tient au Code forestier ! Cette législation française va à l'encontre du développement des territoires ruraux et des richesses de notre pays. À l'opposé, l'Écosse utilise le VTT comme un moyen de faire découvrir ses forêts aux habitants et aux touristes.

C'est l'agence qui gère les forêts (la Forestry Commission) qui fait la promotion du VTT. Bravo !

Où apprendre ?

Pour vous perfectionner dans le pilotage VTT, ou pour améliorer une certaine technique sur laquelle vous stagner, des écoles de VTT existent sur tout le territoire français : ce sont les écoles MCF (le label des Moniteurs Cyclistes Français).

Vous y découvrirez une multitude de formules :

- initiation journée ou demi-journée (pilotage, VTT descente...) ;
- stage d'un ou deux jours pour les clubs ;
- cours particuliers ou collectifs d'une heure à la demi-journée ;
- séjour VTT en itinérance, en France ou à l'étranger ;
- stage *BICLOU*® ou *BIKER*® pour vos jeunes pousses ;
- test chronométré *Rocket*® ou *Gâchette*® pour comparer votre niveau à celui de vos amis ou observer votre progression d'année en année (vous obtenez ainsi un coefficient de performance par rapport au Champion de France en titre via des moniteurs étalonnés).

Les monitrices et moniteurs rassemblés dans les écoles MCF sont chacun spécialistes d'une ou de plusieurs disciplines. Ils se forment chaque année sur les nouvelles pratiques, le nouveau matériel...

Ce label vous garantit de disposer d'une prestation de grande qualité, qui répond à vos besoins, notamment en terme d'apprentissage, avec un maximum de sécurité.

Leur compétence première est bien entendu la pédagogie. Car en fonction des techniques de pilotage, parfois très complexes, du matériel de chacun, du terrain d'évolution qui n'est jamais le même, et des caractéristiques de chaque pilote, les situations d'apprentissage et les consignes techniques ne seront jamais les mêmes. Le moniteur doit donc faire preuve d'une écoute et d'une observation considérables pour s'adapter à ses « élèves ».

Ainsi, tout pilote, lorsqu'il est sollicité par un bon moniteur, dispose d'un potentiel de progression impressionnant. Pour vous faire progresser, votre moniteur s'attachera à vous « poser des problèmes » sur vos quatre ressources :

- bio-affective
- biomécanique
- bio-énergétique
- bio-informationelle.

Profitez-en, vous êtes en sécurité...

Un label d'apprentissage

Depuis 2005, les moniteurs s'appuient sur un référentiel de progression qui détaille l'ensemble des techniques, du débutant à l'expert.

Ainsi, que ce soit pour l'apprentissage du vélo (dès 2 ans avec une draisienne comme ci-contre), l'initiation au VTT, ou le perfectionnement technique, il existe des niveaux de progression (*Loupiot*® pour les tout-petits, *BICLOU*® pour les scolaires, puis *BIKER*® 1, 2 et 3 pour les vététistes). Ces niveaux sont détaillés dans des carnets de progression.

Les enfants et ados, de 7 à 17 ans, peuvent ainsi passer leur test *BIKER*® et obtenir leur médaille !

Comme le vélo est aussi un formidable engin de déplacement, le niveau *BICLOU*® aborde les notions de sécurité routière et le comportement à adopter pour rouler sur le réseau routier. L'enfant peut ainsi obtenir son Permis Vélo® qui atteste son autonomie pour aller à l'école à vélo. Quel bonheur !

VTT et VTT en montagne

Enfin, sachez que même si vous et vos amis êtes très à l'aise sur votre vélo dans votre région, prenez garde à vos premières sorties de VTT en zone de montagne. Le terrain y est bien plus technique, d'une part avec la pente, et d'autre part avec la nature du sol (racines, rochers, ravins...). Si une plus grande prudence est nécessaire, je ne saurai vous conseiller de mieux que faire appel à un moniteur pour apprendre les quelques techniques qui vous permettront de savourer votre séjour.

Aussi, la monitrice ou le moniteur vous guidera tout de suite sur des terrains adaptés, en terme de dénivelée, de difficulté et de paysages. Vous profiterez ainsi pleinement de votre sortie et repartirez avec la banane ! Il ne faut donc pas hésiter à faire appel à un spécialiste local.

Vous trouverez la liste des moniteurs près de chez vous sur : **www.Moniteur-Cycliste.com**

Si « l'habit ne fait pas le moine », on ne fait pas non plus « d'un âne un cheval de course » ! Autrement dit, pour pratiquer en toute sécurité, mieux vaut être correctement équipé et choisir un VTT adapté à votre pratique, votre morphologie, vos envies...

Choisir son matériel

Adapter son VTT

Le choix du vélo que vous allez utiliser est capital pour votre progression et donc le plaisir qui va en découler. Bien entendu, chacun devra trouver un compromis entre l'utilisation qu'il prévoit et le budget dont il dispose. Sauf que pour un même prix, voire pour une somme dérisoire, vous pouvez transformer une vieille monture en un vrai VTT adapté au « tout-terrain » et plaisant à piloter.

À partir d'un vrai VTT (et non pas un vélo acheté dans une grande surface alimentaire), vous pourrez très facilement vous faire plaisir. Et cela pour un coût réduit.

Vous pouvez même utiliser un ancien VTT (votre premier, celui d'un ami...) même s'il est un peu petit. Il n'en sera que plus joueur, quitte à avoir un VTT spécifique pour l'apprentissage.

Quel que soit le VTT que vous avez, si la base cadre/fourche est bonne, vous n'avez pas tout perdu. Car le vélo possède l'avantage d'être idéalement adapté au « tuning ». Par ce terme, vous conviendrez comme moi que tout peut être changé et réglé sur un vélo. Rien n'est figé ! Un vélo est avant tout personnel. Aucun ne devrait se ressembler.

Entre les composants que vous rajouterez pour votre agrément, ceux que vous changerez pour plus de confort, de sécurité, de plaisir ou de performance, et enfin avec les multiples réglages possibles, votre vélo sera prochainement adapté à votre pratique et à vos envies.

Le but n'est donc pas ici de vous donner la seule solution à suivre. C'est vous qui la trouverez en lisant ces quelques conseils et en les confrontant à votre expérience. Ne dites pas : ce n'est pas pour moi... Mon vélo est déjà tip-top ! Si les conseils qui suivent apparaissent dans ce livre, c'est parce que je les ai jugés indispensables pour progresser et vous faire plaisir. Rien que ça !

Voici donc les trois éléments les plus importants pour bien vous sentir sur votre VTT : les pédales, les pneus et le poste de pilotage.

Les pédales

Les pédales d'origine [1] sont souvent trop petites et pas assez accrocheuses. Oubliez-les ! Pire, si vous avez encore des cale-pieds avec des courroies [2], jetez-les immédiatement !

Vous pouvez les remplacer par des pédales plates « à picots » [3] qui vous coûteront entre 15 et 30 €, mais qui changeront tout : la surface vous aidera à mieux ressentir les appuis et le terrain. Quant aux picots, ils éviteront à vos chaussures de glisser sur la pédale, à condition d'utiliser des semelles lisses et non pas des semelles à crampons de type randonnée qui se positionnent souvent mal.
Si vous avez acheté des pédales automatiques, où vos pieds se clipsent sur la pédale, laissez-les de côté un moment. Vous êtes allé trop vite ! Les pédales auto sont déconseillées pour l'apprentissage, parce qu'ainsi clipsé sur votre vélo, les gestes que vous allez effectuer seront mauvais. Vous allez par exemple tirer sur vos pieds pour lever la roue arrière. En effet, cela marche... mais lorsque vous utiliserez des pédales plates, ou lorsque votre cale

Pour toute la phase d'apprentissage, préférez des pédales plates avec une large surface d'appui. Vos pédales sont vos points d'appuis principaux : plus elles seront larges, meilleures seront vos sensations.

ne sera pas enclenchée, vous ne serez alors plus bon à rien !
En plus, avec les pieds accrochés, vous aurez une très grande appréhension pour beaucoup de gestes : cabrage, *wheeling, manual*...
Si les compétitions, les randonnées longue distance ou les montées vous attirent, vous avez alors raison d'investir dans une paire de chaussures et de pédales automatiques. Là aussi, préférez une large surface d'appui [4], à moins que vous ne recherchiez le gain du poids à tout prix sur votre vélo [5] au détriment des sensations ! Mais à quoi bon ?

Concernant les chaussures, attention à ne pas prendre des semelles trop souples, plus agréables pour marcher dans la rue, mais qui sur le vélo ne sont parfois pas assez rigides, jusqu'à ressentir la cale vissée sous la chaussure.

Les pneus

Comme pour votre voiture, les pneus que vous allez choisir feront toute la différence et pourront vous éviter des glissades et des chutes… D'autant plus si vous attaquez. « Il n'y a pas de puissance sans maîtrise ! »

Mais *a contrario* de la conduite auto, où le revêtement de la route est quasi uniforme, les sols que vous allez croiser à VTT sont bien différents et les conditions météorologiques influent fortement sur l'adhérence. Dans ce cas, le changement de pneus peut s'avérer nécessaire. Bien sûr, il existe des pneus polyvalents qui vous éviteront trop de mécanique, ce qui rendrait la pratique du VTT fastidieuse.

Concernant le dessin du pneu (les crampons), le choix est vaste. Prenez simplement garde au fait que certains pneus sont conçus pour la roue avant (dessin directionnel) alors que d'autres sont dessinés pour la roue arrière (fonction motrice). Une flèche sur le flanc du pneu l'indiquera le cas échéant.

Voici quelques exemples pour vous montrer que certains pneus sont réservés à une pratique particulière :

1- un pneu semi-slick si vous êtes dans une région peu rocailleuse et roulante : la bande de roulement vous donnera un réel gain de rendement.

2- un pneu polyvalent mais aussi adapté à la boue avec ses crampons espacés qui évitent de doubler de volume par phénomène de bourrage.

3- un pneu spécifique pour la boue avec des crampons bien espacés et longs pour trouver de l'accroche, mais peu adapté aux cailloux.

4- un pneu pour la descente VTT sur terrain rocailleux, plus large (> 2"3) et avec une carcasse plus épaisse ; ce pneu est plus lourd, mais résiste mieux.

La hantise du vététiste est bien la crevaison, notamment par pincement, comme ci-contre. Pour l'éviter, certains gonflent leur pneu à 3 bars. Quelle erreur ! Vous perdez toute adhérence et tout confort. Ne gonflez jamais au-dessus de 2,3 bars. Suivant la carcasse (plus ou moins épaisse) de vos pneus, vous pouvez gonfler entre 1,8 et 2,3 pour les pneus les plus légers. Sinon, vous pouvez choisir de rouler en Tubeless, sans chambre. Le risque de crevaison étant limité, vous pouvez abaisser la pression et gagner en confort et en adhérence.

Pour l'apprentissage du pilotage, préférez des pneus suffisamment larges : 2"125 à 2"35 (1 pouce = 2,54 cm, donc 2"2 = environ 5,5 cm) même si ces valeurs ne sont pas toujours cotées de la même manière suivant les marques. Plus large vous aurez du mal à rouler et plus étroit, vous perdrez en confort, en adhérence et surtout en sensations par rapport au terrain.*

Le poste de pilotage

Dernier point capital, le poste de pilotage est un organe essentiel de votre monture. C'est lui qui vous permet d'exercer des pressions ou de provoquer des allégements pour effectuer la majorité des techniques décrites ci-après. Il faut donc être très à l'aise sur son guidon, au risque d'avoir acheté ce livre pour rien. Voici les choix et les réglages indispensables que vous devez effectuer immédiatement.

Cintre plat

Cintre relevé

Deux types de cintres existent :

- le cintre plat (de type cross-country), est destiné à une pratique hypersportive qui ne favorise pas le pilotage. Les embouts de guidon fixés à ses extrémités offrent une position optimale pour la montée (plus avancée et selon un axe plus adéquat à la prise en main, pour monter en danseuse).
- le cintre relevé est plus large (donc plus précis) et légèrement incliné pour que la préhension du guidon soit la plus naturelle possible.

La préhension manuelle n'est pas perpendiculaire à votre bras. Prenez un bâton dans votre main pour vous en rendre compte. C'est pourquoi un cintre relevé et incliné vous permet d'être plus à l'aise et donc de mieux piloter grâce à une position plus « naturelle ». Essayez-en plusieurs pour trouver celui qu'il vous faut…

Par ailleurs, un cintre relevé élève vos appuis mains et vous place donc dans une position « anticipée » pour les allégements (cabrage, *wheeling*…) ce qui est avantageux pour l'apprentissage.

Plus le poste de pilotage sera haut, moins vous serez dans une position « plongeante » en descente, ce qui est favorable au pilotage.

Vous pouvez optimiser cette position relevée et rapprochée en changeant aussi votre potence. Plus elle est courte et plus votre pilotage sera précis. En revanche, le fait d'être plus « en arrière » vous pénalisera un peu dans les montées.

Optimiser son VTT

La tige de selle téléscopique

Vous verrez dans les pages suivantes que je vous conseille fréquemment de baisser la selle pour apprendre certains gestes. Une selle haute limite votre mobilité au-dessus du vélo. Vous serez donc handicapé et devrez baisser votre selle. Mais si vous devez sortir à chaque fois une clé BTR, vous ne le ferez pas longtemps. La première modification d'urgence consistera à monter un collier de selle avec un serrage rapide comme ci-contre (environ 10 €).

Une fois votre VTT bien en main, pas question en revanche de s'arrêter avant chaque descente. La plus grande innovation de ces dernières années a ainsi fait apparaître la tige de selle télescopique. En appuyant sur un levier au guidon (ou sous la selle pour certains modèles), votre tige de selle se baissera sous votre poids. À l'inverse, si vous appuyez sur votre levier de commande en position debout, votre selle remonte à sa position d'origine, juste sous vos fesses. Si en bas de la descente vous découvrez une montée à faire en bec de selle (voir page 66), un coup de commande, la selle arrive sous vos fesses, et hop, hop, hop !

Les câbles et les gaines

Le système de tige de selle télescopique fonctionne avec un câble qui coulisse dans une gaine, depuis la commande sur le guidon, comme pour les dérailleurs et les freins (excepté ceux qui sont hydrauliques). Avec le temps, vos commandes vont obligatoirement devenir dures, que ce soient les freins, les changements de vitesse ou votre tige de selle. Pour obtenir plus de souplesse et de précision, je vous conseille d'utiliser des câbles et des gaines de qualité, notamment des câbles en inox et non pas en acier (puisque ceux-ci vont rouiller !) et de les changer régulièrement.
Rien de tel qu'une commande toute douce...

La transmission

Pour que vos changements de vitesse soient encore plus souples, la qualité de vos dérailleurs et vos commandes (appelées *shifter*) est prépondérante. Si vous devez en changer, n'hésitez pas à choisir un modèle plus haut de gamme qui vous donnera entière satisfaction et durera également plus longtemps. Attention néanmoins aux compatibilités du matériel, notamment entre les marques SHIMANO et SRAM, mais aussi au nombre de vitesses (8, 9 ou 10 vitesses) qui influe sur la largeur de la chaîne et sur l'espacement entre les pignons. Demandez conseil à votre vélociste.

Les freins

Pour gagner en précision et en confort dans le pilotage, la qualité des freins est prépondérante. La différence de puissance et de « toucher » n'est pas tant entre les freins à disque et les freins à patins (sur jante), mais dépend surtout du type de frein : mécanique (tirage par câble, qu'il soit sur jante ou sur disque) ou hydraulique (principalement sur disque, mais existe aussi sur jante avec les modèles MAGURA).
En effet, les freins hydrauliques garantissent, surtout sur disque, un freinage constant, même en conditions humides, et très peu d'entretien, si ce n'est changer les plaquettes.
La puissance, quant à elle, varie en fonction du diamètre du disque (c'est pourquoi les freins hydrauliques sur patins sont très puissants puisque le diamètre est celui de la roue). Plus le disque sera grand et plus le freinage sera puissant.

Si vous voulez équiper votre VTT de freins à disque, vérifiez que votre fourche et votre cadre disposent des fixations (photo ci-dessus). Attention, il existe deux types de montage : IS (International Standard) et PM (PostMount). Des adaptateurs (1) existent pour passer d'un standard à l'autre, ainsi que pour s'adapter aux différents diamètres de disque pour le même montage (2), puisque vous pouvez aussi décider de ne changer que le disque si vous trouvez que votre frein manque de puissance. Il existe 3 diamètres : 160 mm (plutôt pour le X-country), 180 mm et 203 mm (plutôt pour le VTT descente). Demandez là aussi conseil à votre vélociste.

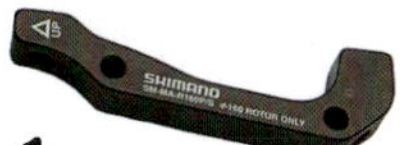

1

2

Acheter un nouveau VTT

Si vous voulez changer de monture, ces pages peuvent vous éviter quelques erreurs. Bien entendu, le choix d'un VTT est personnel : il dépend non seulement du porte-monnaie, mais surtout de l'utilisation que vous allez en faire (randonnée, compétition, raid, descente, enduro...).
Ce livre n'est pas un guide d'achats – vous en trouverez en début d'année dans la presse spécialisée – mais je souhaite aborder quelques points importants pour l'apprentissage.

La taille du cadre

Pour chaque marque, vous trouverez des tableaux de correspondances entre votre taille et la taille du vélo. La majorité des cadres sont disponibles en 3 à 5 tailles : S - M - L et parfois XS et/ou XL ou en pouces : 14", 16", 18", 20" et 22".
Sachez qu'un vélo trop grand est inadapté au pilotage.
À l'inverse, un vélo trop petit est plus maniable, mais il ne convient pas aux longues sorties de plusieurs dizaines de kilomètres.
Vous pouvez comparer un vélo à une voiture. Avez-vous appris à conduire avec une camionnette ou une limousine ? Non, plutôt avec une petite voiture maniable !
Je ne vous conseillerai donc jamais assez d'avoir deux vélos, un pour vous amuser, comme celui ci-dessous, et un autre pour vos randonnées.

Le type de cadre

Les semi-rigides

Les meilleures suspensions ce sont vos jambes ! Regardez l'amorti des jambes lors d'une réception sur la photo ci-contre. Votre manque de souplesse ne sera jamais compensé par des suspensions. Au contraire, un cadre suspendu vous empêchera d'apprendre les bons gestes car il gommera les sensations du terrain... Alors pour débuter ou pour travailler votre technique, autant ne pas vous ruiner dans l'achat d'un VTT tout suspendu plus cher !

Avec des suspensions, vous ne vous apercevrez pas des fautes de pilotage que vous commettrez, vous irez trop vite dans les passages techniques, et vous grillerez les étapes de progression. Certes vous aurez plus de sensations de vitesse, mais si vous voulez progresser, gardez toujours un VTT semi-rigide dans votre garage et alternez... C'est un conseil de pro.

Oui mais lequel ?

Si vous voulez un VTT pour vous amuser, choisissez le légèrement plus petit que ce qu'il vous faudrait. L'important est que votre position soit redressée, grâce à un poste de pilotage assez haut, obtenu avec une fourche à grand débattement (> 110 mm), un cintre relevé et une potence courte. Le VTT ci-dessus est idéal pour débuter, s'amuser et se perfectionner. C'est le VTT polyvalent par excellence : vous pouvez rouler en rando, faire des descentes engagées, travailler vos techniques de trial... Ce VTT conviendrait aux trois disciplines de compétition que sont le cross-country, la descente et le trial. Comptez 1 000 pour un VTT qui durera et vous apportera beaucoup plus de satisfaction qu'un modèle à 600 . Enfin, sachez que le poids ne doit pas être LE critère de choix : 13 ou 14 kg est un poids normal pour ce genre de vélo qui doit être résistant.

Si votre priorité est de rouler, achetez un VTT à votre taille avec un cadre slopping (tube horizontal très incliné vers le bas) afin que vous puissiez baisser la selle pour vos séances techniques. Ensuite, vous pourrez toujours customiser ce vélo avec d'autres pneus, d'autres pédales, une autre potence... Le VTT ci-dessus est idéal pour des sorties sportives ou pour commencer la compétition en X-country. Le poids doit être, cette fois, inférieur à 12 kg et le prix s'approchera de 1 500 . Comme vous pourrez facilement faire évoluer l'équipement de votre VTT, prêtez attention aux éléments principaux que vous ne changerez pas tout de suite, c'est-à-dire le cadre, la fourche et les roues. Privilégiez la qualité pour ces éléments, plutôt qu'un dérailleur haut de gamme et un cadre bas de gamme...

Les tout suspendus

Certains préféreront acheter un VTT tout suspendu en pensant que la suspension amortira les chocs et donnera plus de confort. Ce n'est pas tout à fait exact :

- d'une part, ce n'est pas le vélo qui vous donne du confort et vous empêche de tomber, mais votre technique ! Si vous n'êtes pas dans une logique de pilotage mais plutôt à la recherche de beaux matériels, faites-vous plaisir...
- d'autre part, il ne faut pas penser que les suspensions servent à absorber les chocs pour limiter les secousses. Si votre voiture n'était pas équipée d'amortisseurs de qualité, vous auriez beaucoup plus d'accidents. En effet, la suspension vous procure de l'adhérence : au lieu de rebondir sur chaque obstacle (trou, bosse, caillou) et donc être une fois sur deux en l'air, une roue suspendue colle au terrain et vous assure plus d'accroche en courbe et au freinage, ce qui réduit considérablement les distances de freinage !

Aujourd'hui, il n'est plus possible de trouver un VTT sans suspension avant tellement le pilotage d'un vélo qui n'en est pas équipé est technique.
Il en serait de même au niveau de la roue arrière si le principe de suspension n'était pas aussi complexe pour des raisons de transmission (chaîne) et de pompage lorsque vous pédalez. En résumé, un système de suspension arrière efficace et léger est compliqué : si vous n'investissez pas sur un bon VTT (au moins 1 500), vous risquez d'avoir un VTT tout mou, bon pour les descentes de trottoirs. Si vous voulez un vélo efficace pour les montées et les descentes, mettez le prix, ou restez en semi-rigide.

Vous trouverez sur le marché des tout-suspendus pour le cross-country ou le « all-mountain », c'est à dire à l'aise aussi bien en montée qu'en descente. Le VTT ci-contre est performant en montée car les suspensions de 100 mm peuvent être bloquées pour la montée et son poids est de 12 à 13 kg. Il faut compter ici 2 500 .

D'autres VTT sont adaptés aux montées et aux descentes : c'est la catégorie « enduro ». Ces VTT sont plus lourds (13 à 14 kg) car le débattement peut aller jusqu'à 160 mm et l'équipement est plus solide (roue, pneus,...). Le budget dépassera ici 2 500 , mais les possibilités en descente sont immenses.

Bien s'équiper

Comme beaucoup de sports, la pratique du VTT est plus plaisante lorsqu'on a un équipement adapté. Il n'est pas ici question d'esthétisme, d'image de soi ou de mimétisme, mais bien d'une commodité qui permettra d'être plus à l'aise sur son vélo et donc d'apprécier d'autant plus l'activité. Chacun trouvera ensuite le « style » qui lui convient...

L'équipement vestimentaire

Comme pour toute activité physique, des vêtements en fibres synthétiques sont à privilégier. Ils évacuent la transpiration et sèchent plus vite. Autre gros avantage : ils se nettoient plus facilement et ce point n'est pas à négliger en vélo tout-terrain !

Pour compenser les sensations douloureuses de l'appui sur la selle, un short ou un cuissard avec une « peau de chamois » (désormais synthétique elle aussi) est INDISPENSABLE. Plus question de faire du vélo sans elle tellement la sensation est agréable.

Petite règle à connaître néanmoins : on ne met pas de slip ou de culotte sous son cuissard avec peau de chamois ! Cela risquerait de faire des plis et de vous irriter...

Côté pieds, privélégiez une paire de chaussures avec des semelles assez rigides (évitez les ballerines !) car vous devrez parfois continuer à pied. Comme cela arrivera dans les passages les plus techniques (caillouteux, pentus, humides...), il vous faudra être équipé de chaussures adaptées. Évitez en revanche les chaussures montantes qui vous gêneront en diminuant la souplesse de chevilles dont on a besoin à VTT. Pour vos chaussettes, celles en polyamide se nettoieront plus facilement (boue, graisse) que celles en coton.

Enfin, prévoyez dans votre sac un coupe-vent car les conditions climatiques peuvent rapidement changer. Le cycliste est aussi plus sujet à des variations de température qu'un randonneur (qui ne va pas vraiment plus vite à la descente qu'à la montée). Ainsi, on peut très vite être frigorifié dès le début d'une descente et c'est alors le pilotage qui en pâtit...

PAR TEMPS FROID

Rouler en hiver, c'est possible, mais avec un équipement adapté : bonnet fin sous le casque, gants plus épais, surchaussures, pantalon, chaussettes épaisses, maillots d'hiver évacuant la transpiration, veste, protection contre l'humidité.

La sécurité

Côté sécurité, il n'y a pas de différence de protection quand cela concerne un EPI (équipement de protection individuelle) comme le casque. Une norme valide en effet l'action protectrice du produit et tous les casques que vous trouvez sur le marché avec un autocollant CE ont réussi les mêmes tests de protection. La différence de prix se fait sur le confort et le style : le poids, les aérations et les réglages possibles sont les critères qui les différencient. Votre casque ne doit jamais vous gêner, jamais bouger et ne jamais vous faire mal.

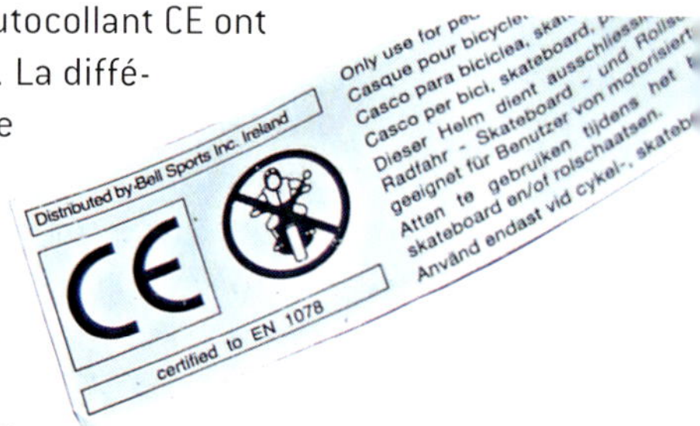

Après avoir choisi la bonne taille de casque (en fonction de votre tour de tête), observez la qualité des boucles et réglez-les. Vous découvrirez rapidement quel casque est fait pour vous...

Choisissez surtout un casque avec un réglage occipital (sangle réglable à l'arrière) qui s'adapte à n'importe quel tour de tête. Cela est très pratique si vous devez prêter votre casque ou si vous roulez parfois avec un bonnet par grand froid, et surtout, le maintien est bien meilleur.

BIEN RÉGLER SON CASQUE

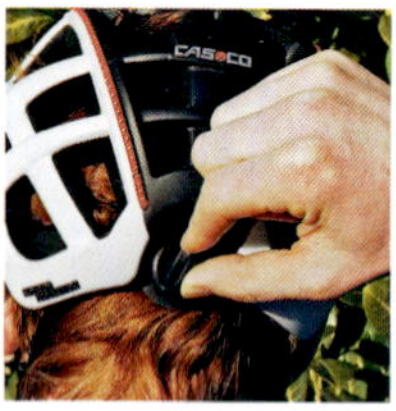

1- La première étape est le réglage occipital pour adapter votre casque à votre tour de tête. Attention, tous les casques ne sont pas équipés de ce réglage. Le cas échéant, tournez la molette ou rapprochez les deux fixations pour desserrer ou resserrer.

2- Ensuite, il faut positionner les boucles de regroupement des lanières avant et arrière juste sous vos oreilles. En réglant la distance des sangles avant et arrière vous pouvez corriger l'assiette du casque pour que celui-ci ne soit pas incliné en arrière comme un chapeau de cow-boy ou au contraire vous tombe sur les yeux...

3- On règle ensuite la jugulaire, sangle qui se ferme sous votre gorge. Celle-ci doit être suffisamment serrée pour que le casque ne bouge pas en cas de chute (sinon autant ne pas en porter !). Serrez la jugulaire jusqu'à ce qu'elle soit en contact constant avec votre gorge, sans pour autant vous empêcher de respirer.

4- Vérifiez que votre casque ne bouge pas trop : ni de bas en haut en le soulevant (sinon il faut serrer la jugulaire), ni en l'inclinant vers l'avant (sinon il faut raccourcir les sangles arrière), ni en l'inclinant vers l'arrière (sinon il faut raccourcir les sangles avant).

Les accessoires

• Les gants sont indispensables à VTT. D'une part, ils évitent les ampoules aux mains et les frictions sur les poignées, d'autre part ils protègent les mains en cas de chute. Préférez des gants longs qui protégeront également vos doigts, notamment dans les passages étroits où quelques ronces peuvent dépasser.

• Une paire de lunettes est conseillée pour vous protéger des insectes et des projections de boue dans les yeux notamment lorsqu'on roule en groupe. Le confort apporté par des lunettes est aussi non négligeable lorsqu'on roule vite. Il existe des lunettes avec des verres interchangeables de différentes teintes, idéales pour améliorer la visibilité en cas de brouillard ou de soleil intense, mais aussi protéger du soleil.

• Un sac à dos avec une poche à eau est l'accessoire dans lequel il faut investir immédiatement. Non seulement il vous permettra d'emporter avec vous tout le nécessaire de réparation, votre coupe-vent, voire votre casse-croûte en fonction de sa capacité, mais en plus vous pourrez y ranger jusqu'à 3 litres d'eau (différentes tailles de poches existent) avec un accès direct par un tuyau et une valve vous permettant de boire. Fini le bidon à attraper et la gamelle assurée. Cet accessoire révolutionnera votre confort mais aussi votre manière de vous hydrater en vous permettant de boire de petites gorgées tous les quarts d'heure.

• Pour ceux qui veulent s'entraîner aux acrobaties du chapitre 6, des genouillères avec protège-tibias sont indispensables. Elles éviteront la douleur d'un « retour de pédale » (pédale qui vient taper dans le tibia après que le pied ait ripé de celle-ci). Différents modèles existent : les plus enveloppants et les plus rigides protégeront plus mais seront plus désagréables pour le pédalage et inversement... Choisissez un modèle en fonction de votre pratique et non du prix.

POUR PLUS DE SÉCURITÉ

Pour les sauts et la pratique du VTT de descente, optez pour une protection dorsale, voire pour une veste intégrale qui garantit une protection optimale au niveau des coudes, des épaules, du thorax et surtout du dos. Un casque intégral est indispensable en VTT de descente. La mentonnière vous économisera un rendez-vous chez le dentiste... Si vous pratiquez le VTT sous une forme « engagée », ces protections doivent vous accompagner à chaque sortie.

MCF
moniteur

Si vous voulez vous faire plaisir à VTT, sachez que le bon déroulement de votre sortie se joue à la maison. Une bonne préparation vous évitera les galères, ou vous permettra de réparer les petites pannes (assez courantes) qui vous arriveront.

Avant de rouler

Vérifier son matériel

Avant de partir rouler, je vous conseille de vérifier certains points importants, au risque de vous retrouver en pleine galère sur le terrain et parfois de finir à pied… ou à l'hôpital !
Car même si vous emportez une trousse de réparation dans votre sac, autant ne pas avoir à vous en servir…

Les roues

• Des roues bien serrées : les leviers des serrages rapides doivent être orientés vers l'intérieur et vers l'arrière afin de ne pas s'accrocher dans des branches en roulant et ainsi se débloquer.
• Le jeu des moyeux doit rester faible : vous le remarquerez en faisant bouger la roue de gauche à droite…

Les pneus

• Pression des pneumatiques : vous devez pouvoir enfoncer votre pouce très légèrement (pression entre 1,8 et 2,3).
• État des flancs et usure des crampons : il n'y a pas de témoin d'usure comme sur vos pneus de voiture, mais sachez qu'un pneu usé accroche moins et augmente donc le risque de chute.

Les freins

• Usure des patins ou des plaquettes de frein : si ces éléments arrivent à leur limite en pleine sortie, vous n'aurez plus de frein ! Pour le frein avant, c'est catastrophique et ça peut être la cause de belles gamelles !
• Un bon freinage tient à la souplesse et au bon fonctionnement des freins, mais aussi à la propreté des jantes ou des disques que vous pouvez nettoyer à l'alcool à 90°.

La direction

Votre direction ne doit pas avoir de jeu, sinon cela se ressentira dans votre pilotage ainsi qu'au freinage, et surtout, cela risque d'endommager les roulements.
Pour tous ces réglages, reportez-vous au chapitre 8 (Mécanique), page 144.

Les serrages

Vérifiez régulièrement le serrage des nombreuses vis de votre VTT. Il est toujours désagréable d'avoir une pédale qui se détache ou une selle qui bouge, car vous n'aurez pas toujours la clé qui permet d'y remédier ! Dans ce cas la sortie risque d'être gâchée !

Les poignées

Elles ne doivent pas bouger. Si elles tournent, cela est désagréable pour piloter et même dangereux... Par temps de pluie, vous pouvez même perdre votre poignée dans un appui !
Dans ce cas, collez-les avec de la laque pour cheveux, ou serrez-les à leurs extrémités avec du fil de fer que vous entourez et tordez. Vous pouvez aussi acheter des poignées lock-on (avec des colliers de serrage intégrés) qui écarteront à jamais ce problème.

Le graissage

Graissez régulièrement les éléments en friction sur votre VTT : chaîne, dérailleurs... La lubrification est un gage de longévité et d'efficacité. Si vous roulez dans la boue ou le sable (qui sont les pires ennemis des pièces mécaniques) nettoyez bien votre chaîne pour ne pas garder des grains de sable.

Le nettoyage

Nettoyez votre vélo après chaque sortie, lorsque la boue est encore humide. D'une part cela sera plus facile et d'autre part vous pourrez contrôler l'état de votre vélo et constater éventuellement des problèmes qu'il vaut mieux résoudre avant la prochaine sortie plutôt que le matin du prochain départ (changement de plaquettes, pneu déchiré...). Pour le nettoyage, n'utilisez pas de jet haute pression. Une bassine remplie d'eau et une brosse suffisent. Si vous utilisez un jet d'eau, ne le dirigez pas vers les roulements.

Votre vélo est en bon état, prêt à partir... Et vous ? Avez-vous pensé à emporter tout ce qu'il faut dans votre sac ? Reportez-vous au rabat de couverture pour découvrir la liste du matériel indispensable...

Les réglages de position

Un VTT possède de multiples possibilités de réglages de position. Leur rôle est d'adapter votre vélo à votre morphologie et non l'inverse (cela se fait à l'achat en choisissant la taille du cadre). Comme il existe énormément de réglages, il serait dommage de ne pas les utiliser. Car une bonne position permet un meilleur pilotage, plus plaisant, et surtout un apprentissage plus rapide. Si ces ajustements se réalisent en amont de la sortie, il est parfois judicieux de faire sur le terrain de petits réglages qui vous changeront la vie.

Le poste de pilotage

Puisque vous allez « piloter », il faut que votre poste de pilotage soit réglé aux petits oignons. Vous verrez que cela est capital. Pourtant, rares sont les guidons des vététistes bien réglés, et beaucoup s'étonnent et ne comprennent pas pourquoi ils n'arrivent pas à freiner d'un seul doigt ou à faire des *wheeling*. Un simple réglage en est souvent la cause.

La hauteur du cintre

• Plus le cintre est bas et plus vous aurez une position sportive, adaptée à la compétition, mais pas du tout à l'apprentissage technique. Cette position ne vous permettra pas d'acquérir les gestes de lever de roue avant (cabrage, *manual*, *wheeling*) car vous partez avec un handicap important : votre guidon est déjà bas ! De ce fait, vos appuis sont continuellement sur les mains. C'est une erreur !

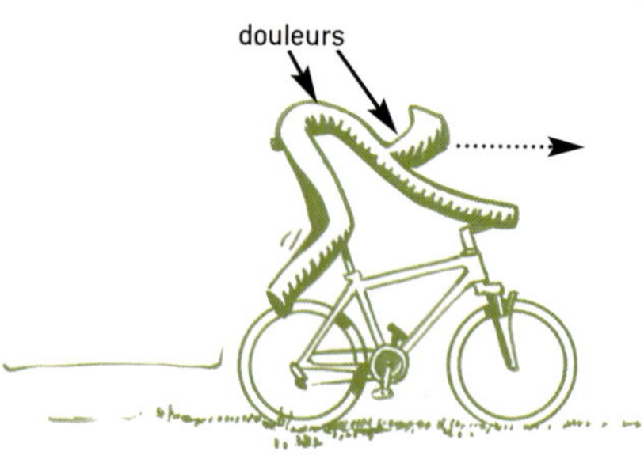

Vous vous exposez aussi à des douleurs au niveau des lombaires et des cervicales (car vous relevez la tête pour regarder).

• Plus le cintre est haut et plus vous partez dans une position « anticipée » lorsque vous voulez alléger la roue avant. Vos appuis principaux sont alors les pieds et vous allez pouvoir bouger autour de votre vélo, ce qui est important pour piloter ! De plus, cette position tête haute et regard loin favorise la prise d'informations. En revanche, n'exagérez pas la hauteur du cintre au risque de ne plus pouvoir mettre d'appuis sur la roue avant comme sur l'illustration ci-contre.

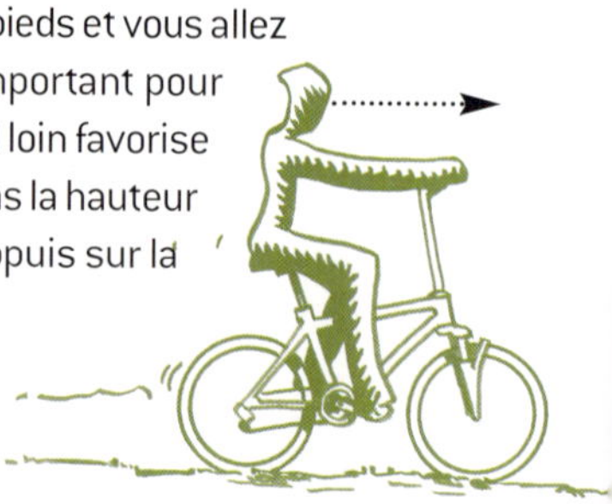

Deux manières de relever la hauteur du cintre

• Si vous avez des entretoises au-dessus de votre potence, passez-les en dessous de cette dernière. Sachez qu'il existe différentes hauteurs d'entretoises. Malheureusement tous les VTT ne sont pas vendus avec cette possibilité. Si ce n'est pas le cas, votre potence est déjà à la hauteur maximale. Vous ne pouvez donc pas la relever, sauf le jour où vous changerez de fourche. À ce moment, vous pourrez couper le pivot de la fourche (le tube sur lequel la potence est serrée) avec plus de marge afin d'avoir plusieurs réglages possibles.

• Changez de potence pour en choisir une plus relevée (avec un angle plus important) qui augmentera la hauteur du guidon. Les potences relevées sont aussi plus courtes, ce qui rapprochera le cintre vers vous. Mais ce n'est pas un souci pour l'apprentissage puisque, là aussi, votre position sera plus favorable aux différents cabrages.

Pour plus de précisions, reportez-vous page 155.

Un réglage est parfois nécessaire sur le terrain pour être plus à l'aise.

L'inclinaison des leviers de frein

Pour ne pas avoir mal aux poignets et pour que votre freinage soit facilité, vos leviers doivent être inclinés dans la même direction que vos bras, comme sur la photo ci-contre.

Trop à plat, vous aurez les poignets « cassés » et trop inclinés vers le bas vous n'arriverez pas à « attraper » les leviers.

L'éloignement des leviers de freins

Sur la majorité des VTT, les leviers de freins sont très mal positionnés. De ce fait, vous ne freinez pas correctement. Le freinage à VTT se réalise avec un seul doigt, à l'avant comme à l'arrière. Et c'est l'index qui remplit cette fonction. Oubliez le freinage à trois doigts, et même à deux doigts. Pourquoi ? Parce qu'avec plusieurs doigts sur les freins, vous ne pouvez plus piloter.
Regardez la photo de droite : comment pensez-vous que le guidon est tenu ?

Comment peut-on tirer sur le guidon avec si peu de prise ? Il est nécessaire d'entourer les poignées du VTT avec un maximum de doigts, notamment avec le majeur, le plus grand doigt et le plus fort, qui entourera le mieux le cintre. Aussi, si vous freinez avec un seul doigt, vous pensez peut-être que vous n'avez pas suffisamment de force pour le freinage…

Faux ! Si vos leviers sont bien réglés, tous les systèmes actuels freinent assez. En revanche, vous devez utiliser le levier de frein comme un véritable « bras de levier » qui démultiplie votre force. Pour cela, votre index doit se positionner naturellement au bout du levier, comme ci-contre. À vous d'éloigner vos leviers de freins vers l'intérieur ! Vous devez avoir un espace entre le levier et la poignée.

Le réglage de la selle

L'assiette de la selle

Pour votre confort et votre mobilité sur la selle, celle-ci doit être positionnée à l'horizontale. Pour cela, utilisez un bâton ou un niveau que vous placez sur toute la longueur de la selle et vous verrez bien si l'assiette est correcte. Si un réglage est nécessaire, celui-ci se fait par une ou deux vis sur le haut de la tige de selle.

Le recul de selle

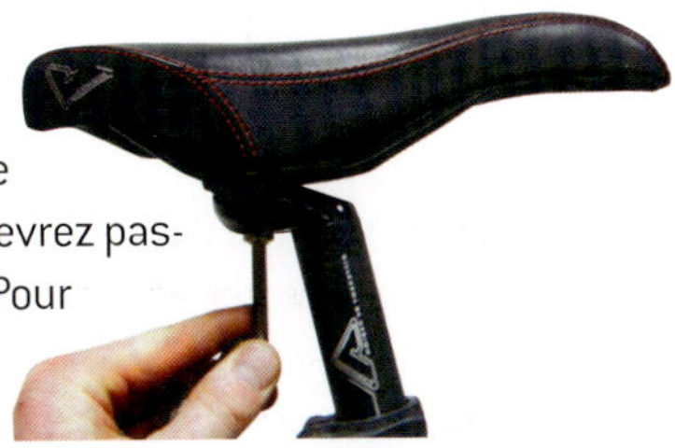

Plus votre selle est placée en avant et plus vous avez de puissance lors du pédalage. De plus, une selle avancée vous gênera moins lorsque vous devrez passer derrière celle-ci pour certaines techniques. Pour régler le recul de selle, desserrez la (ou les) vis de la tige de selle et faites glisser les rails de la selle sur le chariot de la tige de selle. Évitez néanmoins de mettre la selle dans la position la plus avancée car vous risquez de la tordre et d'être trop en avant (vos genoux toucheront votre guidon).

La hauteur de selle

Le réglage le plus important est celui de la hauteur de selle. D'une part car lors du pédalage une selle trop basse vous fatiguera plus vite, voire provoquera des douleurs aux genoux. D'autre part une selle trop haute sera la cause de douleurs aux genoux et/ou aux hanches, et pour l'apprentissage, elle vous empêchera d'effectuer les gestes demandés. C'est parce que ce réglage est capital qu'il existe sur la plupart des vélos un serrage rapide pour ajuster la tige de selle. N'hésitez donc pas à vous en servir, même sur le terrain, en vous arrêtant avant une descente pour baisser votre selle. Si votre vélo n'en est pas équipé, investissez dans cet accessoire de quelques euros qui est indispensable... Il existe également des tiges de selle télescopiques dont la hauteur se règle tout en roulant grâce à une commande au guidon. Le top !

Pour l'apprentissage technique ou pour les descentes, la position basse correspond aux jambes tendues lorsque vous êtes assis sur la selle et que vos talons sont au sol.

Pour la randonnée et pour les montées, la position haute correspond aux jambes tendues lorsque vous êtes assis sur la selle et que vos pointes de pieds touchent le sol, ou encore que votre talon touche la pédale placée tout en bas.

Que vous soyez un vététiste de longue date ou que vous veniez d'acheter votre monture, lisez ces quelques pages sur les techniques de base. En effet, trop de pratiquants essaient de rouler vite ou sur des terrains techniques alors que certaines notions ne sont pas acquises ! Petit retour sur les principes de base…

Techniques de base

Les bons appuis

La position de base*

Comme pour tout moyen de déplacement, il est indispensable de se sentir bien au guidon de son engin. Sur un VTT, vous avez cinq appuis :

- vos deux mains sur le guidon,
- vos deux pieds sur les pédales,
- parfois votre postérieur sur la selle.

Retenez qu'il y a quatre appuis fondamentaux, sur le guidon et les pédales. Il faut donc pouvoir rester « posé » sur ces quatre points longtemps. Dans ce cas, la position de base que vous allez adopter doit être agréable et non fatigante. Debout avec les pédales au même niveau, vous devez être détendu et bien « posé » sur vos deux pieds. C'est ainsi que vous allez aborder toutes les descentes.

Les pieds en dehors des pédales. C'est le pire : vous ne pouvez plus rien contrôler.

Les fesses sur la selle, vous ne pouvez plus bouger et en plus vous vous faites secouer.

Un pied plus bas que l'autre, même légèrement, vous déséquilibre.

Les jambes semi-tendues : vous vous fatiguez trop vite.

L'appui selle va servir à caler votre bassin pour gagner en puissance. Asseyez-vous donc sur la selle pour pédaler sur de longues distances ou pour vous (re)poser. Mais attention : si cela est valable sur la route, le sol irrégulier voire chaotique des chemins vous incitera vite à vous relever pour vous placer en position de base. Y compris pour ceux qui roulent en « tout suspendu » (cf. page 32).

L'appui pied-pédale

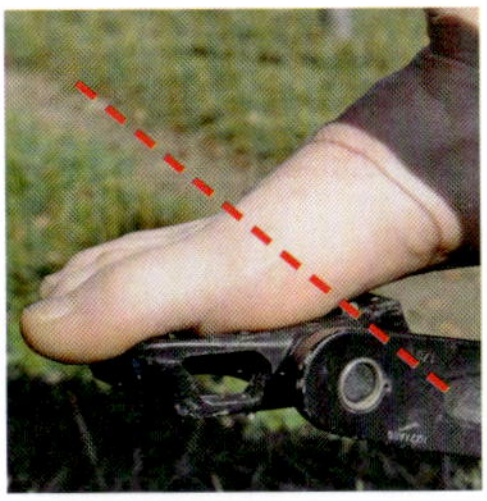

Les pieds étant vos points d'appuis principaux, ils doivent être bien placés sur les pédales. Le placement des pieds correspond en quelque sorte à la position où vos orteils dépassent de l'avant de la pédale.
Plus précisément, disons que l'articulation de votre gros orteil doit être à l'aplomb de l'axe de la pédale. Mais vous n'allez pas regarder à chaque fois ! (sauf lorsque vous passez aux pédales automatiques, où vous allez faire un réglage précis). Si votre pied est mal placé, n'hésitez pas à le replacer immédiatement, car seule une bonne position vous donnera les bons appuis pour être bien équilibré et pour bien piloter. Veillez aussi à ce que vos appuis soient bien répartis 50/50 sur chaque pédale.

L'appui main-poignée

Côté poste de pilotage, là aussi la position doit être naturelle pour ne pas vous fatiguer trop vite avec les secousses ou les freinages qui durent. Les nombreux réglages du poste de pilotage sont là pour cela. Reportez-vous page 40 pour bien régler votre poste de pilotage.
Contrairement à ce que l'on pourrait penser, le guidon ne sert pas qu'à tourner. Il permet d'appuyer sur la roue avant pour exercer une pression sur le sol. Cette action peut avoir plusieurs fonctions :

- trouver de l'adhérence, notamment dans les virages où nous n'avons pas envie que la roue avant dérape ;
- faire coller la roue au sol pour qu'elle ne décolle pas, comme par exemple sur une cassure ;
- au contraire, exercer une force rapide au sol (compression) pour qu'une réaction provoque, avec votre aide, une levée de roue avant (extension) : c'est un cabrage !

Pour tous ces cas, nous mettons plus ou moins d'appuis sur la roue avant, donc sur le guidon, tout simplement en avançant ou non nos épaules et en fléchissant nos bras comme ci-contre.
Et oui, avec un guidon entre les mains, on pilote de droite à gauche, mais aussi en bas, en haut, derrière et devant.

Changer de vitesse

Étant donné les types de terrains sur lesquels nous allons rouler, il est indispensable de savoir utiliser ses vitesses pour moins se fatiguer ou améliorer son allure. De la même manière qu'il ne vous viendrait pas à l'idée de n'utiliser qu'une seule vitesse sur votre voiture...
Sur un VTT, nous disposons en revanche de nombreuses possibilités : entre 18 et 27 vitesses suivant votre équipement. Mais cela est avant tout un argument de vente, car toutes ne sont pas utilisables et certaines sont identiques.

Pourquoi ?

La majorité des VTT sont équipés de 2 ou 3 plateaux à l'avant (pédalier) et de 8 ou 9 pignons sur la roue arrière. Il y a donc jusqu'à 27 possibilités de positionnement de la chaîne (3 X 9). Mais parmi celles-ci, il faut éliminer toutes celles qui sont extrêmes.
On appelle cela croiser la chaîne : il est proscrit d'utiliser le grand plateau avec les grands pignons, ou à l'inverse le petit plateau avec les petits pignons.
Le moyen plateau quant à lui permet d'utiliser tous les pignons, même si avec le plus petit et le plus grand la chaîne est déjà bien croisée.

La raison est surtout mécanique : en croisant autant la chaîne, les frottements sont bien trop importants. Le matériel s'use beaucoup plus vite. Le risque est ici de casser sa chaîne et/ou de changer bien plus souvent toute la transmission (chaîne, plateaux et pignons).
Au final, sur 27 vitesses « vendues », nous ne pouvons (ou devons) utiliser que 17 vitesses :

- 9 vitesses avec le moyen plateau,
- 4 vitesses avec le petit plateau (les 4 plus grands pignons),
- 4 vitesses avec le grand plateau (les 4 plus petits pignons).

Sachant que parmi celles-ci, certaines donnent le même rapport* !
De quoi s'agit-il ? Un peu de théorie s'impose. C'est vrai que dans le vélo, si une chose n'est pas comprise, c'est bien l'utilisation des vitesses. Combien de fois voyons-nous passer des personnes qui moulinent dans la semoule... Alors voici les explications.

Comprendre le fonctionnement

Les plateaux à l'avant et les pignons à l'arrière servent, comme des engrenages, à démultiplier votre force :

• avec un grand plateau et un petit pignon, pour un tour de pédalier, la roue arrière fera plus qu'un tour. C'est idéal pour les descentes ou pour rouler vite.

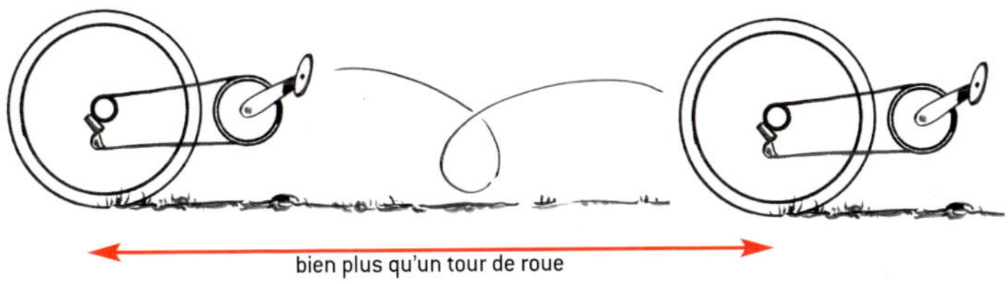

• à l'inverse, avec un petit plateau et un grand pignon, pour un tour de pédalier, la roue arrière fera moins d'un tour... Nickel pour les montées où l'allure est lente.

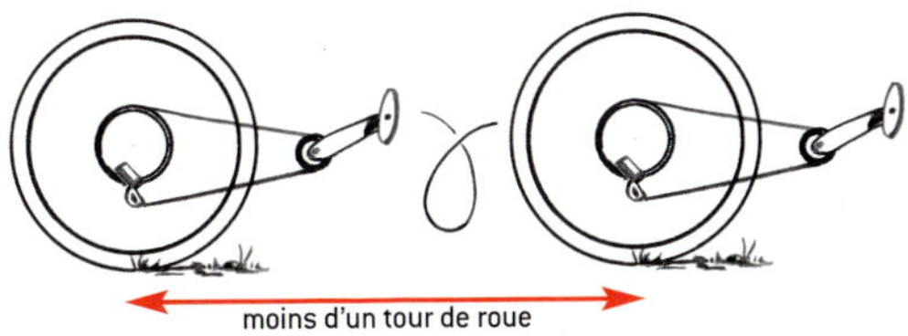

Il existe désormais du 2x10.

On appelle le rapport* le nombre de tours que fait la roue arrière pour un tour de pédales. Ce rapport dépend du braquet* utilisé. Exemple : pour un braquet de 44 X 11 (plateau de 44 dents et pignon de 11 dents), en faisant un tour de pédale la chaîne passe sur 44 dents à l'avant, elle passera aussi sur 44 dents à l'arrière, mais il faudra quatre tours du pignon de 11 dents pour y arriver. Le rapport sera donc de quatre tours. En général, les VTT sont équipés d'un pédalier avec trois plateaux, de 22, 32 et 42 dents, et d'une cassette avec huit ou neuf pignons, de 11 dents pour le plus petit, jusqu'à 28, 32, voire 34 dents pour le plus grand, s'échelonnant de 2 en 2-3 dents.

L'utilisation adéquate des vitesses sur le terrain

Règle n° 1 : on ne change pas les vitesses à l'arrêt

Contrairement à celles des voitures, les vitesses d'un vélo ne peuvent être modifiées que lorsque le pédalier tourne. Il ne faut donc pas manipuler les leviers de vitesse à l'arrêt sous peine de tout casser lorsque vous allez démarrer.

Règle n° 2 : de la douceur et de l'anticipation

Le système de transmission (plateaux-chaîne-pignons) est fragile. Il faut donc changer les vitesses avec douceur et anticipation :

• surtout pas au moment où l'on force le plus (en pleine montée, au sprint...),
• ne jamais changer trop de vitesses à la fois (plutôt une par une),
• en assouplissant son coup de pédales au moment où l'on passe la vitesse.

Le freinage

Peut-être la technique de base la plus importante, le freinage est la clé du pilotage. C'est même ce qui fait la différence entre les meilleurs pilotes mondiaux.

• Avant de commencer, vos leviers doivent être bien réglés (cf. page 42).

• Ensuite, oubliez le freinage avec 2, 3 ou 4 doigts : gardez un seul doigt pour freiner. Vos autres doigts vous serviront à tenir le guidon, ce qui n'est pas inutile...

Ce n'est pas parce que vous freinerez avec plus de doigts que vous avez plus de puissance. La qualité du freinage vient avant tout du matériel que vous utilisez (au minimum des étriers de type V-brake ou des freins à disque), de son entretien (changer les gaines et les câbles pour plus de souplesse par exemple) et surtout de son réglage (principalement le décalage des leviers de freins, expliqué page 42).

Règle n° 1 : utilisez les deux freins

Le frein avant est celui qui freine le mieux. Le frein arrière complète le freinage. Il faut donc freiner surtout du frein avant.

Si vous n'utilisiez auparavant que le frein arrière, il va falloir changer, au risque de ne parfois jamais pouvoir s'arrêter (le dérapage, cela ne fait pas vraiment ralentir). Disons qu'en ligne droite, la répartition du freinage est environ de 70 % à l'avant et de 30 % à l'arrière, mais en tout terrain, il existe de nombreux cas particuliers.

Règle n° 2 : la progressivité, c'est votre sécurité

Sans progressivité, vous allez chuter. Le freinage n'est pas binaire : soit je ne freine pas, soit je sers de toute ma force le levier de frein, surtout avec le frein avant. Bien au contraire, il faut commencer à actionner le levier, puis le serrer de plus en plus fort, sans jamais arriver au blocage de la roue. C'est ça la progressivité.

Le dérapage n'est pas un freinage. C'est soit un exercice de style, soit une aide éventuelle pour tourner. Mais nous n'en sommes pas là. On peut même pédaler et freiner en même temps. Vous verrez cela page 60...

Règle n° 3 : attention à la surchauffe

Si vous freinez sur toute une descente, vous allez non seulement avoir les freins qui vont chauffer, mais aussi les avant-bras. Il est donc impératif de freiner, puis de relâcher les leviers, et de freiner à nouveau, toujours progressivement bien sûr... Cela est aussi fonction du terrain (cf. règle n° 6).

Règle n° 4 : vite sur les obstacles

Plutôt que freiner lorsque vous voyez un trou ou une pierre, il vaut mieux laisser rouler le vélo qui a de grandes chances de passer (avec vous dessus bien sûr). En revanche, si vous touchez au frein, avant comme arrière, vous avez toutes les chances de buter contre l'obstacle et de tomber. Souvenez-vous que votre roue est très grande et qu'elle peut rouler sur des obstacles importants, à condition de ne pas freiner.

Attention, cela n'est pas valable pour les enfants qui roulent sur des vélos avec des roues de 20" (vous devez comprendre pourquoi !).

Règle n° 5 : pas de frein en courbe

S'il y a bien un endroit où il faut éviter de freiner du frein avant, c'est bien dans les virages. Non seulement cela empêche votre vélo de se pencher (or c'est l'inclinaison du vélo qui vous permet de tourner), mais en plus si vous ne dosez pas à la perfection votre freinage, vous avez toutes les chances de bloquer la roue avant, ce qui dans un virage fait tourner le guidon. La suite, vous vous en souviendrez...

Si vous arrivez vite dans un virage, il faut freiner très fort avant, puis une fois dans le virage utiliser uniquement le frein arrière. Vous ferez peut-être un dérapage plus ou moins contrôlé, mais au moins vous tournerez. Sinon, c'est le « tout droit » assuré.

Règle n° 6 : observez les zones de freinage

Comme si vous rouliez en voiture un jour de verglas, vous devez lire le terrain et reconnaître les zones de freinage où l'adhérence est bonne (en pointillés jaunes ci-contre). Voici la règle :

- j'évite de freiner sur les secteurs « glissants » : dans l'herbe mouillée, sur les pierres, les gravillons, les racines, les trous et tout obstacle, ainsi que dans les virages pour le frein avant ;
- je freine surtout sur les zones avec une bonne adhérence : terre, gravier compacté, herbe sèche (sans toutefois déraper), ainsi qu'avant chaque virage.

En descente

Si, au début, les descentes peuvent vous impressionner, voire vous faire peur, ces quelques conseils vont vous permettre de mieux appréhender ces passages. Plus tard, vous serez même surpris de rechercher les descentes ludiques, à l'affût de sensations...

Règle n° 1 : jamais assis sur la selle

Toutes, oui toutes les descentes se réalisent en position de base : debout sur les pédales et prêt à bouger pour rattraper les déséquilibres... Vous pouvez descendre en ayant les fesses sur la selle lorsque vous roulez sur la route, mais à VTT, il faut réagir vite, amortir les chocs et aussi économiser son postérieur !

Règle n° 2 : jamais les fesses en arrière

Quelle erreur de croire que parce que l'on descend, on doit mettre ses fesses derrière la selle. Cette situation n'arrivera que pour une pente très très forte, donc jamais sur un chemin ! Nous en parlerons donc page 74.

• Dans la pente, on conserve sa position de base, les fesses au-dessus de la selle (pas plus en arrière).

• Si vous descendez avec les fesses en arrière et les bras tendus, vous ne pouvez plus piloter votre VTT et risquez d'aller n'importe où.

Vous vous faites embarquer...

Règle n° 3 : frein avant, frein arrière. Lequel choisir ?

Et oui, encore une fois, il faut oublier ce que l'on vous a dit auparavant. Le frein avant ne fait pas passer par-dessus le guidon, sauf si vous freinez d'un seul coup, très sec.

• C'est au contraire le frein avant qui vous ralentit le plus et le seul qui est capable de vous arrêter ! Si vous ne freinez que du frein arrière, vous risquez de déraper pendant longtemps voire de ne jamais vous arrêter.

• On utilise donc les deux freins (surtout l'avant), sauf cas exceptionnels (voir pages précédentes).

Règle n° 4 : molo sur les freins

En freinant uniquement du frein arrière, vous déraperez mais ne vous arrêterez pas.

Comme dans une longue descente en voiture, vous ne devez pas freiner continuellement pour éviter de faire chauffer les freins… et vos avant-bras.

Le freinage en descente doit être alterné. Cela ne veut pas dire qu'il faut lâcher les freins et freiner à nouveau violemment. Le freinage doit être doux, progressif. On reprend le freinage doucement, puis de plus en plus fort… mais attention, sans jamais bloquer les roues.

Si l'ABS n'existe pas sur un VTT, c'est tout simplement parce que c'est vous qui devez doser le freinage pour ne jamais bloquer les roues.

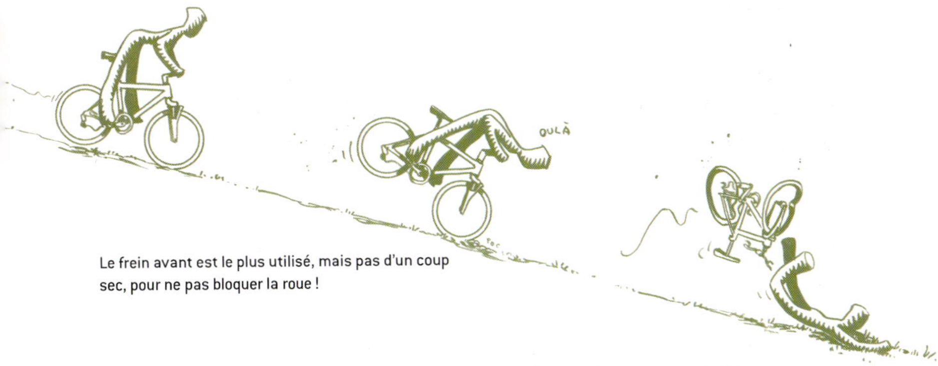

Le frein avant est le plus utilisé, mais pas d'un coup sec, pour ne pas bloquer la roue !

Règle n° 5 : restez humble et maître de votre VTT

N'ayez pas honte de descendre du vélo et de passer à pied si la portion est trop technique. Cela vaut bien mieux qu'une bonne gamelle, et même qu'une bonne frayeur.

À l'inverse, si vous êtes plutôt du genre casse-cou, n'essayez pas tous les défis que la nature vous propose. Si vous n'avez pas peur pour vous, n'oubliez jamais que des promeneurs peuvent se trouver sur le chemin et qu'ils sont prioritaires. Vous devez donc être capable de vous arrêter à tout moment.

Les virages

Bien négocier les courbes, c'est l'assurance de pouvoir rouler tranquillement ou plus « fort » sans avoir peur de la sortie de route... Pour cela, plusieurs règles doivent être mises en pratique sur tous les virages :

Règle n° 1 : pédale intérieure en haut

La pédale intérieure ne doit jamais être en bas dans un virage. Vous risqueriez d'accrocher le sol. Ayez donc toujours le réflexe de lever la pédale intérieure. Par ailleurs, une poussée sur le pied extérieur positionné en bas favorise l'équilibre et l'adhérence en courbe.

Règle n° 2 : entrer à l'extérieur

Le pilotage prend tout son sens quand on aborde les trajectoires. Retenons qu'à l'approche d'une courbe, le vététiste doit se placer côté extérieur. Cette règle n'est en revanche pas valable sur les routes où chacun doit tenir sa place et celle du vélo est à droite de la chaussée.

Règle n° 3 : adapter sa vitesse

Celui qui arrivera trop vite sortira toujours moins vite d'une courbe qu'un pilote qui choisit une vitesse moins rapide en entrée de virage, mais optimale pour bien négocier la courbe et ressortir avec le maximum de vitesse.
Cela implique de ne pas se bloquer dans la courbe en dérapant ou en mettant un grand coup de frein. L'idéal est de ne pas freiner dans la phase de courbe. Essayez progressivement, avec peu de vitesse au début, puis plus vite. Arrêtez-vous dès que vous freinez et reprenez cet exercice sur d'autres virages une prochaine fois. Cette notion est difficile à intégrer mais changera forcément votre manière de piloter et d'aborder les virages.

Règle n° 4 : pas de frein en courbe

Freiner provoque le redressement du vélo. Or pour tourner, il faut incliner votre engin. Aucune moto ne tourne à plat ! Et plus on tourne vite, plus le vélo va être incliné. Nous verrons page 116 comment prendre de l'angle, mais sachez que freiner empêche le vélo de s'incliner. En freinant, vous vous empêchez vous-même de tourner. Autre conséquence, le freinage de la roue avant en courbe provoque des pertes d'adhérence. Si vous roulez en descente sous la pluie, dans les graviers ou sur un terrain avec racines et que vous freinez du frein avant dans les virages, vous devriez embrasser la terre dès la première courbe ! Seul éventuellement le frein arrière peut être utilisé en courbe, notamment pour déraper et ainsi orienter son vélo, mais c'est une autre histoire...

Règle n° 4 : viser la corde à l'instant T

Il existe trois phases dans un virage :

- l'entrée où j'adapte ma vitesse et me place à l'extérieur,
- la courbe où je ne freine pas et où j'incline mon vélo pour tourner,
- la sortie où je relance en reprenant le pédalage le plus tôt possible.

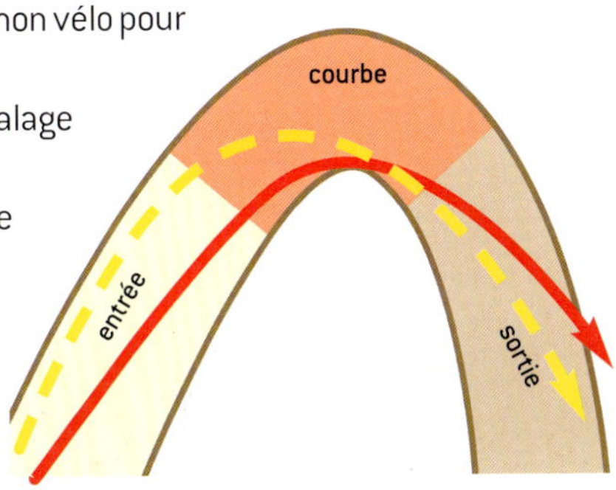

Tout se joue dans la préparation, mais encore faut-il savoir bien négocier la phase de courbe.

Si la mise sur l'angle du vélo est plus délicate et s'acquiert plus tard, vous devez désormais bien maîtriser les trajectoires. Et c'est là le piège de chaque virage. Notre esprit nous incite toujours à aller rapidement vers le point de corde, alors qu'il faut retarder cette orientation au maximum (flèche jaune). Pourquoi ? Car si vous visez la corde trop tôt, vous sortirez trop à l'extérieur du virage et devrez freiner (flèche rouge). Vous ne pourrez ainsi pas relancer...

Règle n° 5 : allez là où vous l'avez décidé

Reste maintenant à faire adhérer votre roue avant. Pour cela, rien de plus simple : l'adhérence d'une roue « non motrice » est fonction de la pression que l'on exerce dessus. Donc pour enfoncer les crampons de votre roue avant et ainsi bien suivre la trajectoire que vous avez décidée, il faut mettre vos épaules au-dessus du guidon pour « charger l'avant ». Petite astuce pour savoir si vous êtes bien positionné : vos coudes doivent être fléchis dans chaque virage. Les bras ne sont jamais tendus (épaules en arrière).

Pensez aussi que le regard est capital : c'est lui qui emmène vos épaules et donc votre vélo. Regardez le plus tôt possible la sortie du virage.

Les montées

Si elles n'existaient pas, on s'en passerait... Peut-être pas ! Car si les montées sont très physiques à VTT (bien plus qu'à pied), elles sont aussi propices à se lancer de bons défis, entre amis ou pour soi, et par conséquent à trouver un grand plaisir quand ce défi est relevé. C'est en plus avec un grand bonheur que l'on savourera la descente qui vient après.

Et puis pour être un vrai vététiste, pas question d'utiliser un véhicule ou une remontée mécanique à chaque fois... Certains ne seront peut-être pas d'accord, mais le vélo tout terrain est par définition un engin passe-partout et polyvalent. Cependant certains engins sont exclusifs pour la descente, le dirt, le trial... mais le vrai de vrai, le vététiste qui veut profiter des belles descentes dans un massif sans route, sans remontée mécanique, qui veut aller sur son terrain de bosses (...) ne va-t-il pas y aller à vélo ? Je l'espère ! Bref, rouler en montée, ça s'apprend aussi. C'est ainsi moins physique et plus technique, donc plus plaisant.

Règle n° 1 : ne pas se fatiguer

Non, c'est impossible !

Règle n° 2 : alors le moins possible

Pour cela, il existe deux aides :

• la première est d'utiliser vos vitesses qui démultiplient votre force. Bien choisir le braquet comme nous le verrons page 64 est donc capital. Cela exige que vous ayez levé les yeux pour voir si la montée était courte ou longue, pentue ou pas trop... Ensuite, toutes les règles des changements de vitesse (page 48) s'appliquent : anticiper et changer de vitesse avant la montée, passer les vitesses une à une, en douceur...

La trajectoire la plus roulante semble être celle-ci.

• le second conseil est tout simplement de rouler sur les zones les plus faciles. Si cela paraît évident, votre lucidité n'est pas aussi nette en plein effort. Il faut donc se forcer à regarder loin pour choisir la meilleure trajectoire : celle avec le moins de galets, où le sol est dur, plus roulant. On évitera les racines, les marches, les trous... Autant d'obstacles qui vont rendre la montée technique et vous faire dépenser de l'énergie pour les franchir. Lorsque l'on ne maîtrise pas trop la technique, on peut y « laisser des plumes » voire se faire stopper dans sa progression. De même, on élargira tous les virages pour les prendre le plus possible à l'extérieur en montée : on parcourt ainsi plus de distance pour la même dénivelée, ce qui veut dire que la pente est plus faible...

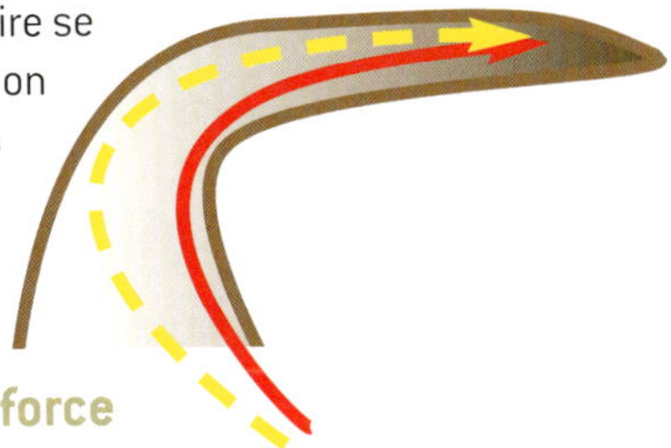

Règle n° 3 : ne gaspillez pas votre force

La selle permet de reposer certains muscles et de s'économiser. Mais elle permet aussi de trouver un bon point d'appui. Pour que votre force ne parte pas en fumée, utilisez votre selle pour bloquer votre bassin. Ce blocage permet de transmettre le maximum de votre force dans les pédales.

Petite astuce pour bloquer votre bassin : faites un gainage en baissant les coudes et en tirant le guidon à vous (photo ci-contre). Vous verrez que vous pouvez forcer avec plus d'aisance. Bien entendu, ne vous crispez pas sur le guidon. Tirer sur le cintre ne veut pas dire l'arracher et faire la grimace...

Règle n° 4 : donnez du « pep's » à vos montées

Pour donner un peu de rythme, il est souvent nécessaire de relancer l'allure. Dans ce cas, on utilise la technique de la « danseuse ».
Debout, vous pouvez alors appliquer tout votre poids sur une pédale puis sur l'autre. Le léger balancement du vélo d'un côté puis de l'autre permet en plus d'exagérer cette transmission de force.

Attention en revanche aux pièges de la danseuse :

- d'une part, on se fatigue plus vite (car on ne peut pas prendre appui sur la selle pour se reposer) ;
- d'autre part, la position est plus en avant sur le vélo puisque les épaules sont quasiment à l'aplomb du guidon. La roue arrière est délestée, ce qui provoque des pertes d'adhérence sur l'arrière. On peut y remédier en replaçant tout de suite ses fesses en arrière au moment où ça dérape, mais aussi en anticipant sur les zones où l'adhérence est plus faible (graviers notamment) et donc en évitant ces zones ou en se rasseyant sur la selle pour les franchir.

UNIVERSITY

MBF

Étant donné la variété des terrains que vous allez rencontrer, il va falloir adapter votre pilotage à toute sorte d'obstacle, de pente... L'objectif de ce chapitre n'est pas de vous faire rouler vite, mais simplement de passer sans peur et sans poser le pied à terre. Vous roulerez ensuite vraiment en « tout terrain ».

Maîtriser son VTT sur tous les terrains

Le pédaler-freiner

Un peu comme lors du permis moto, il est obligatoire de bien maîtriser son VTT à faible allure avant de vouloir rouler vite. Pour cela, vous pourrez vous entraîner en forêt, en milieu urbain ou même dans votre garage en cas de mauvais temps ! Pas besoin d'un grand espace. Mieux vaut un terrain restreint, instable et avec de nombreux obstacles. La maîtrise de votre engin est ici primordiale. Vous devez gérer vos trajectoires au millimètre et votre vitesse à la seconde près. Pour cela, vous allez freiner en même temps que vous allez pédaler ! Si ces deux actions vous paraissent antagonistes, vous verrez que c'est pourtant la clé de la réussite... L'objectif étant d'obtenir une adhérence parfaite sans être déséquilibré, même dans un terrain très varié.

Règle n° 1 : pédaler en continu

Pour avancer doucement, il faut pédaler doucement, donc avoir un braquet adapté. N'utilisez pas la plus petite vitesse (petit plateau et grand pignon) – qui vous ferait trop mouliner – car cela perturbe l'équilibre.
Ensuite, il faut pédaler en continu, c'est-à-dire faire des tours complets de pédalier. Ne pédalez pas par « aller-retour » en revenant en arrière après chaque quart de tour de pédalage. Ces à-coups ne facilitent ni l'adhérence des pneus, ni l'équilibre sur le vélo.
Pour « passer » partout, le rapport* idéal en terrain varié est de 1, c'est-à-dire avec un nombre de dents égal entre le plateau et le pignon utilisé, comme avec un braquet de 22 x 22 ou de 32 x 32.

Règle n° 2 : un freinage constant

Même en pédalant doucement, il est difficile de maintenir une vitesse constamment lente, d'autant plus quand le terrain monte et descend. Ce sont ces changements de vitesses qui provoquent les pertes d'adhérence. Il faut donc veiller à avoir une vitesse la plus constante possible. Pour cela, on utilise les freins avant et arrière que l'on actionne avec une grande douceur pendant toute la durée du pilotage à faible vitesse. On appelle cela « lécher les freins ». L'expression porte bien son nom puisque vous devez garder vos patins en contact constant avec les jantes (ou vos plaquettes avec les disques) par une pression légère sur les deux leviers de freins.

Quand vous saurez pédaler en continu tout en freinant constamment pour faire le tour de votre voiture dans le garage sans la rayer, alors vous serez prêt pour l'exercice sur du terrain naturel et varié. Pour cela, il faut intégrer la notion de trajectoire : elle doit être « ouverte » au maximum (flèche jaune) et surtout pas serrée (flèche rouge) sinon votre roue arrière ne passera jamais ! Le terrain idéal est le sous-bois : vous pourrez slalomer entre les arbres sur un terrain irrégulier et très varié. Si vous avez bien retenu les règles 1 et 2, vous devez vous sentir plus à l'aise.

Règle n° 3 : bouger autour de la selle

Pour conserver l'équilibre, il faut rattraper tous les déséquilibres induits par le terrain. Pour cela, il ne faut pas faire "corps avec la machine" mais au contraire bouger au-dessus de celle-ci. C'est pourquoi il faut oublier l'appui selle : tout le pédaler-freiner s'exécute debout sur les pédales. Sauf que votre corps ne devra pas se raidir pour autant, mais plutôt se déplacer au-dessus du vélo, parfois les épaules loin devant, d'autres fois tout à gauche, ou alors les fesses derrière la selle... C'est le terrain qui vous apprendra à être mobile et souple. Ces aptitudes seront essentielles pour évoluer ensuite sur des terrains techniques avec plus de vitesse.

Règle n° 4 : conduire avec les épaules en avant

Pour guider votre vélo et positionner votre roue avant à l'endroit exact où vous l'avez décidé, il faut « charger » la roue avant en vous plaçant dans une position avancée. Vos épaules sont au-dessus du guidon lorsque le terrain est plat. La pression exercée sur la roue avant lui donne toute l'adhérence nécessaire pour rester à l'endroit où vous l'avez amenée. Plus de glissade possible, de sous-virage ou de risque de « riper ».

Exercez-vous à faire des demi-tours sur les chemins.

LE MOT DU MONITEUR

Ne grillez pas les étapes et ne pensez pas que cette technique à faible vitesse est basique. Trop de bons pilotes ne la maîtrisent pas et sont pénalisés sans le savoir.

L'équilibre

Autre technique de base, le surplace est un geste peu utilisé sur le terrain, mais d'une grande importance par les aptitudes qu'il permet d'acquérir. Comme le pédaler-freiner, cette technique peut se travailler à tout moment, à chaque fois que vous prenez votre vélo, en ville au feu rouge... Elle vous permettra de bien sentir vos appuis et sera le gage de la réussite pour d'autres gestes ou d'autres situations futures.

Règle n° 1 : être bien posé sur son vélo

La position de base (ou d'attente) sera bien entendu avec les deux pieds au même niveau. La pédale que vous placez devant n'a pas d'importance pour le moment. De toute façon, à terme il faudra savoir faire du surplace avec l'un ou l'autre des pieds devant. En prenant appui sur vos deux pédales et vos deux poignées, vous devez trouver une position que vous pouvez tenir « pendant des heures... ». Pour cela, vos jambes et vos bras sont tendus, car fléchis, vous allez vite fatiguer, un peu comme si vous essayiez de maintenir la position de la chaise pendant longtemps... Comme pour le pédaler-freiner, les épaules sont au-dessus du guidon. C'est ainsi que l'on trouvera le meilleur équilibre. Si vous tournez le guidon, vos épaules suivront aussi son orientation.

Trop en arrière.

Jambes et bras trop fléchis.

Règle n° 2 : bloquer son vélo

Le vélo ne doit bien sûr pas avancer. Au début, vous vous entraînerez en bloquant les deux freins (avant et arrière). Pour trouver plus d'équilibre, il faut tourner la roue avant d'un côté ou de l'autre (c'est au choix). Pour vous entraîner, utilisez un mur ou un arbre et essayez de rester le plus longtemps possible en bloquant le pneu avant sur un support fixe. Lorsque vous tiendrez aisément en surplace, vous pourrez alors ne plus vous aider d'un support. En bloquant les freins, vous allez tenir 5, 10, 15 secondes, puis ensuite quelques minutes... Mais là n'est pas le but ! À cette étape, vous aurez acquis une plus grande finesse au niveau de vos appuis, bien utile pour la suite.

Pour gagner en finesse, vous pouvez même bloquer votre vélo sans vous servir des freins. En terrain naturel, il est possible de faire du surplace simplement en se plaçant en légère montée, ou en bloquant la roue avant dans un trou ou devant une bosse... Pour vous bloquer, résistez en appuyant sur la pédale avant, ce qui vous empêche de reculer. La technique du surplace permet principalement de s'arrêter un court instant sans poser le pied au sol. Plutôt que vous entraîner à tenir longtemps, il vaut mieux s'entraîner dans des situations impromptues.

Ainsi, dès que les conditions vous l'imposent, en ville comme en tout terrain, forcez-vous à ne pas mettre le pied à terre... Cela deviendra vite un petit challenge marrant. Si vous roulez avec des pédales automatiques, entraînez-vous au préalable avec des pédales plates, puis reprenez les « automatiques » : le défi n'en sera que plus fou !

Règle n° 3 : essayez toutes les positions

Si vous voulez devenir l'as du surplace, il faut que vous maîtrisiez cette technique dans les quatre positions suivantes :

- roue tournée à droite et pied gauche en avant,
- roue tournée à droite et pied droit devant,
- roue tournée à gauche et pied droit en avant,
- roue tournée à gauche et pied gauche devant.

Règle n° 4 : détendez-vous !

Vous progresserez vite si vous accomplissez ce geste avec plus de souplesse et moins de crispation. Entraînez-vous aussi à bouger sur votre vélo ou à lâcher une main pour vous gratter l'oreille... Certes ça ne sert à rien, mais c'est toujours un moyen ludique de s'entraîner pour mieux maîtriser son vélo...

Choisir le bon braquet

Vingt-sept vitesses ! Normal que l'on ne s'y retrouve plus et que l'on ne sache pas quel braquet choisir... Aujourd'hui, la tendance est le retour au double plateau, avec 10 pignons cependant à l'arrière : de 11 à 36 dents.

Car il est vrai que les 3 plateaux sont rarement utilisés. À l'exception des compétiteurs qui se battent contre le chrono, l'utilité du grand plateau est souvent de mieux tendre la chaîne dans les descentes, ou parfois d'exploser un record si votre compteur enregistre la vitesse maximale ! Pour l'apprentissage en tout cas, autant remplacer le grand plateau par une flasque qui protégera votre pédalier dans les passages techniques et lors des franchissements.

Flasque de protection

Règle n° 1 : attention à la ligne de chaîne

Une fois le plateau choisi, sachez que vous ne pouvez pas utiliser l'intégralité des pignons à l'arrière. Pour ne pas créer trop de frictions dans la transmission, la ligne de chaîne doit être la plus linéaire possible (voir page 48).

De ce fait, vous ne pouvez utiliser avec le petit plateau que les trois ou quatre grands pignons, et avec le grand plateau que les trois ou quatre petits pignons. Cela fait uniquement six à huit vitesses pour les deux plateaux extrêmes.

Quant au plateau intermédiaire, disons que tous les pignons pourront être utilisés. Ouf ! Enfin une chose simple.

Vous comprenez alors l'arrivée du 2 x 10 ou ceux qui ne roulent qu'avec un seul plateau et sans dérailleur avant. Mais la contrepartie sera de dérailler fréquemment puisque le dérailleur sert aussi à guider la chaîne. Dans le cas d'un mono plateau, on veillera à installer un système anti-déraillement comme sur la photo ci-contre. Retenons donc que le plateau intermédiaire (environ 32 dents) sera le plus utilisé. Selon le terrain, on choisira le pignon adapté afin de mouliner ou forcer plus ou moins... en prenant soin de changer un pignon à la fois pour ne pas changer de rythme violemment, ce qui perturberait votre pédalage et votre adhérence.

Seules les variations rapides au niveau du terrain imposent de changer jusqu'à trois pignons en même temps, notamment à l'amorce d'une montée raide non anticipée.

Règle n° 2 : le choix de plateau, ça s'anticipe

Si la montée est repérée à l'avance, il est intéressant de changer de plateau avant la difficulté. On pourra alors franchir la montée plus facilement, en adaptant simplement les pignons à l'arrière. C'est plus facile et les changements de rythme sont moins violents. Changer de plateau en pleine montée peut s'avérer délicat, voire trop dur à supporter par votre dérailleur ou votre chaîne.
Dans un autre registre, le passage sur le grand plateau au sommet d'une montée pourra être efficace pour tendre la chaîne et moins dérailler à la descente à cause des secousses. Cela peut aussi être pratique pour repasser rapidement sur un plus petit braquet, en redescendant simplement sur le moyen plateau lorsqu'une montée survient rapidement.

Règle n° 3 : mixer pour trouver la bonne fréquence

Le braquet choisi devra vous permettre de pédaler avec une cadence assez élevée (environ 80 tours par minute, c'est-à-dire un peu moins d'une seconde pour faire un tour de pédale). Cette fréquence vous permettra, comme sur la route, de vous économiser. Ainsi, on proscrira les gros braquets. Ce n'est pas parce que vous « emmenez » de gros développements* que vous êtes plus puissant. La puissance se compose de la force ET de la vitesse ($P = F \times V$). Ainsi, on a pu voir des coureurs du Tour de France gagner les étapes de montagne avec de plus petits braquets mais une fréquence de pédalage élevée.
Pour les simples hommes et femmes que nous sommes, retenons que le travail en souplesse nous conviendra mieux pour diverses raisons physiologiques, mais aussi et surtout pour une question de pilotage : un gros braquet vous obligera à forcer comme un mulet et donc à piloter comme un éléphant. Et à VTT, mieux vaut être un chat !

Essayez de prendre des infos le plus tôt possible pour anticiper votre changement de vitesse.

Ainsi dans les terrains techniques comme les racines, la boue, les rochers… il est souvent nécessaire de monter sur un pignon supérieur afin de garder de la vélocité et passer en souplesse, notamment pour repartir si l'on se trouvait bloqué. S'il est parfois difficile de choisir le bon braquet, l'habitude et l'expérience vous permettront de savoir si vous avez une cadence de pédalage optimale. Retenez en quelque sorte qu'il ne faut jamais forcer comme une mule.

Les montées techniques

Si beaucoup pensent que la montée est moins technique que la descente, ces pages devraient leur montrer qu'une certaine maîtrise est néanmoins nécessaire pour moins se fatiguer, obtenir un meilleur rendement et surtout passer sur le vélo, ce qui constitue parfois un véritable défi.

Règle n° 1 : adopter la bonne position

Plus la pente est raide, plus vous allez devoir trouver une bonne position, sachant qu'il y a (pour simplifier) trois techniques pour la montée :

- en danseuse,
- assis sur la selle, en « bec de selle »
- un mixage des deux : la danseuse plaquée.

En danseuse [1], vous gagnez de la puissance, mais le fait de vous placer sur l'avant du vélo va alléger la roue arrière. Si vous êtes sur un terrain pentu avec une adhérence faible (herbe, terre, gravier), votre roue arrière va patiner et vous faire perdre votre vitesse. Il faut donc réserver cette technique aux montées avec une bonne adhérence ou ne pas trop se placer vers l'avant.

Assis sur la selle [2], vous gagnez de l'adhérence sur la roue arrière, mais attention à ne pas trop vous placer en arrière. En délestant la roue avant, vous n'allez plus guider votre vélo et vous risquez même de partir en arrière si la pente est forte. Il faut s'avancer sur la selle et baisser les épaules vers le guidon pour « charger » la roue avant. On appelle cela « monter en bec de selle ».

Certaines pentes sont tellement raides que vous devez grimper en danseuse tout en conservant un maximum d'adhérence. Dans ce cas, la technique en « danseuse plaquée » [3] vous donnera de la puissance sans déraper. Cette position combine les deux principes précédents, pour lester à la fois votre roue avant (en avançant les épaules) et votre roue arrière (en reculant le bassin). Pour transmettre toute votre force, vous devez en plus « fixer votre bassin » (gainage). Pour cela, rentrez et baissez les coudes, puis tirez le guidon à vous.

Règle n° 2 : ne pas faire « corps » avec le vélo

En avant, plus en arrière, en danseuse, assis... Selon la nature du terrain, les positions varient. Il faudra aussi parfois se déplacer à droite ou à gauche pour récupérer un déséquilibre... En somme, il faut bouger sur son vélo. Si vous restez statique, vous allez faire « corps » avec votre engin et à chaque obstacle vous subirez les chocs, les pertes de vitesses... L'objectif est de pédaler en laissant le vélo bouger sous vos jambes (deux actions des jambes), tout cela en guidant votre vélo et en rattrapant les déséquilibres (deux actions du haut du corps). Cela s'appelle la dissociation, c'est-à-dire des actions différentes entre le haut du corps qui pilote et le bas qui vous propulse et cherche la motricité.

Règle n° 3 : être souple dans le pédalage

Contrairement à ce que l'on croit, la montée n'est pas une affaire de bourrin. Certes, celui ou celle qui possède plus de puissance sera avantagé(e), mais avec une bonne technique, vous devriez être devant...

La souplesse est indispensable sur tout chemin technique, car lorsque vous montez, vos roues butent contre chaque obstacle (racine, pierre, trou...), ce qui vous ralentit. Dans certains cas, votre vitesse est devenue tellement faible que vous ne pouvez plus franchir de petits obstacles en montée. Pour ne pas « buter », il faut alléger votre roue au moment où elle franchit l'obstacle, comme ci-contre un caillou. Les deux phases suivantes s'enchaînent :

1. Alléger la roue avant en tirant légèrement le guidon et en se déplaçant en arrière pour laisser la roue avant rouler sans forcer sur le caillou.
2. Délester la roue arrière lorsqu'elle monte sur le rocher afin de la laisser rouler sans forcer. Attention : si l'obstacle est glissant (racine mouillée par exemple), ne pédalez pas au moment où la roue arrière monte sur l'obstacle car vous allez « ripper » !

[1] Buste redressé, le pied gauche appuie fort pour faire un léger *wheeling* qui allège la roue avant devant le rocher.
[2] Épaules et bassin se sont déplacés vers l'avant pour alléger la roue arrière.

Règle n° 4 : ne pas hésiter à monter à pied

Si ces quelques lignes vous ont impressionné, sachez qu'aucun vététiste ne doit avoir honte de marcher à côté de son vélo ! Les raisons sont multiples : les montées peuvent être trop dures, vous avez envie de vous économiser pour la suite ou vous préférez discuter avec les collègues...

Le portage

Même avec toute la volonté du monde et une technique au top, certaines montées sont trop difficiles, quelles que soient vos capacités physiques. Il va falloir descendre de votre vélo pour le pousser, voire le porter. C'est une pratique courante et personne ne vous jugera pour cela... Monter à pied est parfois plus judicieux que de « s'user » à vouloir à tout prix gravir le passage sur le vélo. Lorsque les montées sont trop techniques ou trop raides, il est préférable de porter, ce qui vous permettra de vous concentrer sur vos pieds, sans être gêné par le vélo qui bute sur les rochers, les marches... Remarque : descendez toujours du côté gauche du vélo afin de ne pas vous faire mal avec le pédalier et de ne pas vous salir avec la chaîne.

Parfois, le poussage suffit.

Sur l'épaule

Le plus rapide est de placer le cadre de votre VTT sur votre épaule droite.
Cela est valable pour les VTT avec un cadre triangulaire classique où vous pouvez passer le bras à l'intérieur du cadre et poser le tube supérieur horizontal sur votre épaule. Pour les autres modèles ou les petits cadres, placez alors le dessous de votre selle sur votre épaule, comme ci-contre. Soutenez toujours le VTT avec votre main droite sur le tube diagonal pour alléger le poids de votre monture.

Sur le dos

Pour les longues ascensions, vous pouvez opter pour un portage plus confortable : sur le dos. Le poids est ainsi mieux réparti de gauche à droite et si vous avez un sac à dos, le VTT reposera dessus. Vous maintenez alors le VTT avec une main de chaque côté. L'inconvénient est ici la largeur : vous ne pouvez pas accéder à des passages étroits. Comme mettre son VTT sur le dos prend du temps, mieux vaut réserver cette technique aux longues montées.

La boue

Si vous roulez en « toutes saisons », vous allez forcément croiser quelques belles flaques et parfois un beau bourbier ! C'est là toute la joie du VTT que de s'autoriser à rouler dans l'eau et se retrouver crépi de boue. Certes, cela ne fera pas le bonheur de votre machine à laver, mais vous avez toujours la possibilité de « pré-laver » votre tenue avec le jet d'eau qui nettoie votre vélo. Si vous roulez en groupe, certains se feront un malin plaisir à vous éclabousser ou sauteront dans les flaques pour vous surprendre...

Règle n° 1 : la vitesse, toujours la vitesse

Comme pour tout obstacle, il n'est pas question d'aborder une zone boueuse à vitesse lente. Une allure vive vous permettra de franchir plus facilement la zone, surtout si elle est longue, mais en plus la vitesse vous équilibrera latéralement... Bien entendu, comme à chaque fois, pensez à regarder la sortie de la zone boueuse et non pas votre roue avant.

Règle n° 2 : trouver de l'adhérence

Si la zone est longue ou si vous voulez passer vite, vous devez trouver de l'adhérence dans la boue. En ligne droite comme en courbe, souvenez-vous qu'une roue motrice accroche plus. Il vous faut donc pédaler. Et comme sur la neige en voiture, la vitesse de rotation de votre roue ne doit pas être trop élevée au risque de patiner. À l'approche de la zone boueuse, vous pouvez « tomber une dent », c'est-à-dire mettre un braquet légèrement plus gros.

Règle n° 3 : piloter avec des pincettes

Comme l'adhérence est précaire, le pilotage en descente est délicat. Il faut là aussi trouver de l'adhérence pour la roue avant, en avançant vos épaules. Plus important encore, il ne faut absolument pas toucher au frein avant en courbe car la glissade sera systématique !

Règle n° 4 : ne pas se mouiller ?

Pour impressionner les amis(es) ou tout simplement pour ne pas vous mouiller les jambes, vous pouvez franchir les flaques ou les zones boueuses en *wheeling*... Vous découvrirez cette technique en page 110.

Les pierriers

Si, dans un premier temps, les pierres constituent des obstacles, vous découvrirez rapidement que les zones caillouteuses sont un terrain de jeu. Avant tout, il faut repenser votre vision de la pierre : à côté de votre roue, un vulgaire caillou ne fait pas le poids. Le diamètre plus important de votre roue vous permet de rouler sur des obstacles jusqu'à 15 cm (cela n'est pas valable pour les vélos enfants qui ont de plus petites roues).
Attention toutefois à ne pas commettre les erreurs suivantes, où la pierre retrouve toute sa force au point de vous mettre à terre :

Freiner sur la pierre.

Se raidir.

Fixer son regard sur la roue avant.

Il faut accepter de rouler sur l'obstacle et vous dire que « ça va passer ». Si votre roue avant passe et que vous n'êtes pas assis sur la selle, il y a toutes les chances pour que la roue arrière passe également. Si de plus vous procédez à un allégement, vous aurez 100 % de réussite, sans secousse.
S'alléger, c'est se faire tout doux avec ses pneus. Pour y arriver, il faut être en position de base et se faire très lourd juste avant. C'est le principe d'action-réaction : vous vous écrasez avant l'obstacle (compression) en fléchissant vos articulations et vous vous allégez en revenant à votre position de base (extension).

Et pour franchir un pierrier ?

Le principe reste le même : il faut se faire léger mais en plus être très souple. Dites-vous que vous roulez sur des œufs et que vous ne devez pas en casser. Si le pierrier peut se franchir rapidement (faible distance, en descente…), vous

ne devez pas pédaler. Le pédalage donne de l'accroche à vos pneus, or ici vous voulez plutôt en perdre pour « survoler » les cailloux. Contentez-vous d'être relâché et de laisser le vélo bouger dans tous les sens. Vous n'avez qu'à fixer votre route (la sortie du pierrier) et à tenir le cap avec votre guidon...
Si vous devez pédaler pour franchir le pierrier (légère montée, long pierrier), il faut alors combiner toutes les consignes précédentes à l'action du pédalage. Non seulement vous devrez être souple et laisser votre vélo bouger, mais tout cela en tournant les jambes ! Vous allierez donc douceur et vélocité tel un félin.
Au début, on a du mal à être relâché. N'ayez crainte, avec l'expérience vous y arriverez. Pour cela, il faudra le plus possible se concentrer sur cette souplesse et avoir toujours à l'esprit que si le VTT demande parfois de la force, il exige tout le temps de la finesse.

La vitesse : votre atout n° 1

La vitesse de déplacement vous aidera toujours pour franchir un obstacle. Plus vous lancez vite une roue dans les pierres moins celle-ci sera déviée de sa trajectoire et il est impossible qu'elle tombe à droite ou à gauche.
Si vous descendez tout doucement, vous avez donc beaucoup plus de risque d'être baladé de tous les côtés. Enfin, plus vous allez vite, moins vous rencontrez d'obstacles : vos roues ne toucheront que le haut des rochers et encore, pas de tous...

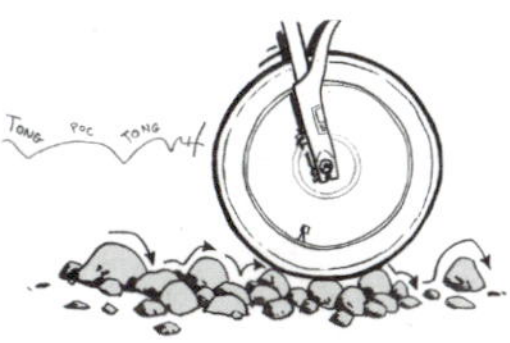

vitesse lente

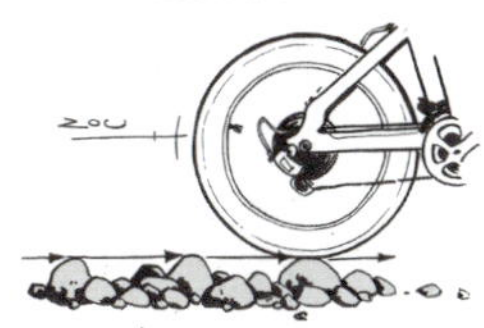

vitesse rapide

Pour vous entraîner, rien de mieux qu'un escalier. En descendant tout doucement vous sentirez chaque marche, puis vous pourrez augmenter votre vitesse et vous rendre compte que les secousses sont plus rapprochées mais moins importantes. À la fin, vous ne freinerez plus et direz au revoir aux secousses !

N'oubliez pas votre cible

Vous ne devez avoir qu'un objectif : sortir de ce « champ de mines ». Regardez toujours la sortie et cherchez la trajectoire la plus rectiligne présentant le moins d'obstacles. Laissez vos pieds à l'écoute du terrain. Vos sensations se chargeront de l'équilibre...

Les racines

Souvent en bordure de chemins, les arbres nous donnent de beaux obstacles qu'il faut apprivoiser : leurs racines. Si au début vous avez tendance à les éviter, bientôt elles constitueront aussi un élément propice pour s'amuser. Mais bien entendu dans un total respect de la nature : il n'est pas question de faire mal à l'arbre, bien au contraire... Là encore, la douceur doit primer !

Règle n° 1 : pas de freinage sur les racines

Si vous freinez, même la plus petite racine peut vous mettre par terre. Comme tout obstacle, on va donc éviter de freiner dessus ! Si la racine est humide et si vous touchez au frein (avant comme arrière), vous allez comprendre... Le bois mouillé est extrêmement glissant et tout freinage y est proscrit. Dans le cas contraire, c'est la chute assurée. Dans une forte pente, où la vitesse doit rester limitée, ce principe doit quand même être respecté : on freinera plus fort avant les racines (parfois presque jusqu'à l'arrêt) et après les racines... Mais jamais dessus !

Règle n° 2 : s'alléger pour ne pas écorcher la racine

Dès qu'un obstacle dépasse du sol, le premier réflexe consiste à s'alléger afin de « survoler » les aspérités du terrain pour ne pas buter dessus et être déséquilibré. Il est inutile de décoller les roues du sol, il suffit de s'alléger. Pour cela, il faut tout d'abord s'écraser sur le vélo en exerçant avant les racines une pression vers le sol. La vitesse vous aidera, vous serez moins déséquilibré. Dans un second temps, au niveau de l'obstacle, il faut se grandir pour délester le vélo de la pression que vous exerciez précédemment. Vous devez aussi rester très souple pour que vos jambes « absorbent » les aspérités comme dans un pierrier. Enfin, après les racines, attention à ne pas faire d'erreur : c'est souvent ce qui arrive car votre regard est resté bloqué sur l'obstacle et vous n'avez pas vu le virage...

Et si les racines se trouvent en plein virage ?

Dans ce cas, il faut soit les éviter, soit élargir le virage pour les aborder de face en s'allégeant, soit exceptionnellement exercer un appui pour tourner, à condition que les racines soient sèches. Car souvenez-vous que la racine mouillée est l'équivalent de la plaque de glace en voiture !

Et pour jouer...

Dernière solution, les racines ou les souches constituent des obstacles ludiques qu'il est possible de franchir en sautant.

La première racine donne un point de repère et un appui pour l'extension (voir page 118). Attention toutefois à bien observer la zone de réception et les obstacles qui suivent... Vous pouvez aussi passer en cabrage et reposer votre roue avant juste après les racines. Dans ce cas, vous devez rester très souple sur vos jambes pour qu'elles absorbent le terrain alors que 100 % de votre poids repose sur la roue arrière.

Se placer trop en avant devant des racines.

À éviter !

Freiner sur la racine...
vos roues se bloqueraient plus facilement.

Ralentir pour franchir des racines...
Au contraire, la vitesse vous aidera à mieux passer l'obstacle, car elle vous équilibre latéralement (gauche à droite) un peu comme un cerceau que vous lancez fort...

Les descentes raides

Si certaines pentes vous impressionnent, c'est simplement qu'il vous manque quelques notions indispensables pour les aborder sans crainte. Car s'il y a bien une raison de tomber, c'est justement la peur qui provoque des comportements néfastes au pilotage. Une fois ces techniques acquises, vous trouverez du plaisir à franchir des pentes très raides, car il restera toujours le petit goût d'adrénaline et la fierté d'avoir vaincu sa peur.

Règle n° 1 : le frein avant, avant tout !

Même si les deux freins doivent être utilisés pour freiner, sachez que le frein avant est beaucoup plus efficace. On peut même dire que le frein arrière est inefficace dans cette situation ! Si vous voulez ralentir ou vous arrêter dans la pente, c'est le frein avant qui vous le permettra... Si auparavant vous ne l'utilisiez pas, c'est simplement par peur de passer par-dessus le guidon. Mais après les consignes qui suivront, cela ne sera plus possible.
En ligne droite, la répartition du freinage est environ de 2/3 à l'avant et 1/3 à l'arrière.

Règle n° 2 : l'option ABS indispensable...

Pour être efficace, votre freinage ne doit jamais provoquer le blocage de la roue. Si cela vous paraît évident pour la roue avant, il en est de même pour la roue arrière. Toute roue bloquée glisse et ne trouve pas d'adhérence, autrement dit de résistance pour vous ralentir. Il est donc nécessaire de doser votre freinage pour freiner le plus possible sans toutefois bloquer la (ou les) roue(s). Si tel est le cas, relâchez très légèrement votre levier.

Règle n° 3 : plus jamais les fesses en arrière

Si vous mettez vos fesses en arrière, c'est avant tout par peur de chuter par l'avant. Or, ceci n'arrivera que parce que vous bloquez votre roue avant ou parce que vous croisez un obstacle. En revanche, avec les fesses très en arrière, vous risquez de chuter pour une autre raison : vous ne maîtrisez plus votre trajectoire et en plus votre freinage de la roue avant n'est pas efficace. Il faut donc « garder du poids » sur la roue avant pour diriger votre vélo et ne pas être embarqué là où vous ne souhaitez pas aller. Essayez cela sur de courtes descentes pour apprendre à piloter avec vos épaules en avant. C'est ça la clé du pilotage ! C'est aussi la garantie de pouvoir s'arrêter...

Le bassin est trop en arrière : la direction et le freinage ne sont pas maîtrisés. La roue avant ne touche plus le sol et la roue arrière dérape sans ralentir le pilote.

Le corps est très peu reculé pour maîtriser la direction et le frein avant.

Si vous devez franchir à vitesse lente une pente très très raide, vous pouvez dans ce cas vous placez en arrière de la selle. Il en est de même si vous devez franchir un obstacle, mais là, une autre mission vous attend. Explication ci-après...

Règle n° 4 : il faut parfois lâcher les freins...

Si vous rencontrez un obstacle sur votre route, il ne faudra pas hésiter à lâcher le frein avant. Dans le cas d'un tronc, d'un trou ou d'un gros caillou en pleine pente, vous avez l'obligation de lâcher le frein avant au moment où votre roue va le franchir. Dans le cas contraire, la roue se bloquera et ce sera la chute assurée. Faites-en de même avec le frein arrière lorsque la roue passera sur ce même obstacle.

Si vous roulez sur un tapis de feuilles, soyez doux avec le frein avant et prêt à le lâcher à tout moment.

Descendre une marche

À la sortie d'un virage ou derrière une bosse, vous pouvez parfois être surpris par une marche. Si vous ressentez une montée d'adrénaline, ce sera généralement dû au caractère inattendu, car la technique de franchissement reste simple et comporte peu de danger. Le principal risque consiste à refuser l'obstacle et donc à passer n'importe comment (un pied par terre, en bloquant les freins...). La chute est ainsi garantie. Désormais, quand vous verrez une marche, vous devrez vous dire : « Yes ! J'y vais ! »

Règle n° 1 : observer avant tout !

Un maximum d'infos doit être pris en peu de temps : zone avant la marche, qualité de l'appel (si vous voulez sauter), hauteur (supposée, car vous ne voyez pas toujours la réception), nature du sol après la marche, zone de réception (si vous sautez), obstacles ou virages après la marche, pente. Cette liste est longue, ce qui induit qu'au début vous évoluerez doucement sur ce type d'obstacle, avant de vouloir sauter ou passer vite.

Règle n° 2 : savoir lâcher le frein au bon moment

Pour ne pas basculer par devant, vous devez lâcher le frein avant au moment où la roue avant reprend contact avec le sol (ou freiner avec une grande douceur).

Phase 1 : épaules au-dessus de la marche

Arrivez doucement et placez vos épaules le plus en avant possible au moment où votre roue arrive sur la cassure. C'est impressionnant, mais c'est la clé de la réussite. L'objectif est que votre corps ne subisse pas la marche.

Phase 2 : lancez votre guidon en avant

Au moment où la roue avant va tomber, lancez votre guidon loin devant pour aller poser la roue le plus loin possible. Puisque vos épaules étaient déjà avancées en phase 1, elles ne subissent pas de déplacement important. La roue avant est ainsi allégée, limitant le choc à la réception.

Phase 3 : se replacer devant

Pour reprendre le pilotage, mais aussi amortir la réception de la roue arrière, il est nécessaire de se recentrer sur le vélo. Vous pouvez contrôler la vitesse de descente de la roue arrière avec votre frein avant. Mais soyez doux !

Règle n° 3 : pédales horizontales

Pas question d'avoir une pédale plus haute que l'autre, au risque qu'elle touche le haut de la marche comme ci-contre et vous déséquilibre. Vos pédales seront constamment au même niveau.

Attention,à partir d'une certaine hauteur de marche, c'est votre pédalier qui va toucher. Il faut alors changer de technique (voir plus bas), sinon vous allez perdre quelques dents sur votre grand plateau...

Pour vous exercer, vous pouvez essayer ce geste à l'arrêt, pied au bord de la marche, épaules avancées (comme ci-dessous). Vous comprendrez ainsi très bien le lancement du guidon vers l'avant.

Évolution : sauter la marche

Si vous arrivez avec de la vitesse, vous ne pourrez pas effectuer le geste ci-dessus car vous n'avez pas assez de temps pour reposer la roue avant. Il vous faudra obligatoirement sauter. Il en sera de même lorsque la hauteur de la marche sera trop importante, puisque le pédalier toucherait la marche.

Pour sauter, les gestes sont proches de ceux ci-avant, mais pour des raisons différentes :

1. avancez les épaules pour écraser la roue avant juste devant la marche ;
2. quand la roue avant va tomber, déplacez-vous vers l'arrière en tendant les bras ;
3. en l'air, recentrez-vous et grandissez-vous pour amortir la réception.

Sur quelle roue réceptionner ?

• dans la pente, sur les deux roues en même temps ;

• sur le plat, préférez la réception sur la roue arrière afin de mieux amortir.

Observez la position des bras ci-dessous.

Les courbes

Le pilotage devient intéressant : on cherche à optimiser le passage des courbes. Le vrai pilote n'est pas celui qui fait des sauts plus haut, des figures extrêmes ou qui monte à toute allure, mais bien celui qui passe les virages sans embûches, en ressortant de la courbe à la même vitesse qu'il y est entré, voire plus vite pour les top pilotes !

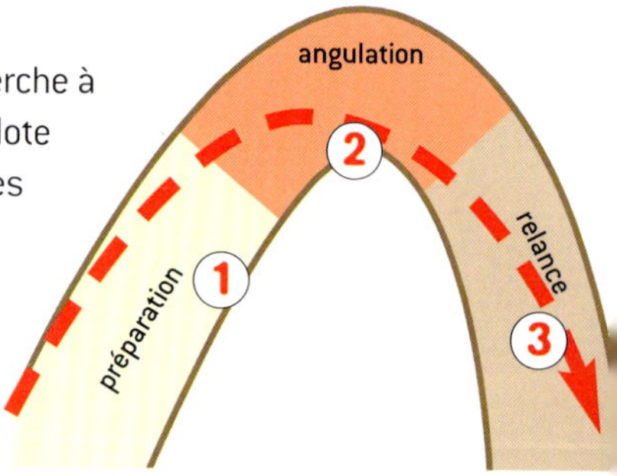

Règle n° 1 : le choix de trajectoire

Un virage se décompose en trois phases :

- l'entrée de courbe où vous êtes en préparation
- la courbe où vous cherchez l'angulation
- la sortie de courbe où vous relancez

Voici la règle pour 70 % des courbes :

1. On entre à l'extérieur du virage avec une vitesse optimale (et non maximale comme vous le verrez ensuite), en freinant si besoin.
2. On incline le vélo en orientant les épaules vers le point de corde, sans toucher les freins.
3. On relance le plus tôt possible pour gagner de la vitesse, et surtout de l'adhérence pour éviter de sous-virer (sortir à l'extérieur).

Règle n° 2 : le placement du corps

Dès qu'il y a virage, vous devez penser « REGARD ». En regardant loin, non seulement vous trouverez les informations nécessaires à votre conduite

(courbe qui se resserre, obstacle en sortie de courbe), mais vous orienterez surtout votre tête, qui elle-même fait tourner vos épaules. C'est là le principe le plus important : vous pilotez avec vos épaules. Ces dernières doivent s'orienter dans la direction que vous choisissez, toujours en avant pour bien piloter, comme en ski, en roller…

Aussi, pour favoriser votre rotation, ouvrez le genou intérieur. Cette action emmènera votre vélo dans la courbe. Regardez le genou gauche sur la photo ci-contre.

Règle n° 3 : trouver de l'accroche

Pour ne pas glisser ou être en sous-virage*, il faut parfois trouver de l'adhérence dans la phase de courbe. Pour cela, la pression que vous exercez sur votre pédale extérieure est prépondérante. Il va donc falloir venir appuyer de plus en plus sur cette pédale selon l'accroche que vous recherchez. Pour vous exercer, placez dans chaque virage votre pédale extérieure en bas.

Cet exercice vous permettra dans un premier temps de bien orienter votre bassin, puis dans un second temps de chercher de l'accroche grâce à l'appui sur la pédale extérieure. Car, non seulement vous devez mettre la pédale en position basse, mais il faut en plus appuyer sur celle-ci, parfois de tout votre poids. Pour comprendre l'importance de cet appui, vous pouvez même sortir le pied intérieur : dans ce cas, vous êtes sûr que 100 % de votre poids se trouve sur la pédale extérieure. Par la suite, vous éviterez de sortir le pied inutilement car cela est dommageable pour changer d'appuis rapidement (enchaînement de courbes), pour absorber un terrain chaotique ou tout simplement pour relancer en sortie de courbe.

Règle n° 4 : relancer

En sortie de courbe, vous vous dites parfois : « Oulala, je vais sortir dans les arbres... ». C'est ce que l'on appelle le sous-virage*. Cette « sortie de piste » est provoquée soit par une mauvaise trajectoire, soit par un manque d'adhérence de la roue avant. Pour ne pas connaître cette sensation, il faut donc reprendre de l'accroche. À l'instar de la voiture où vous accélérez en sortie de virage pour rendre les roues motrices, à VTT vous devez pédaler pour que la roue arrière soit motrice. C'est cette motricité qui donne de l'adhérence à votre roue arrière mais aussi qui plaque votre roue avant, même si les épaules avancées sont un pré-requis.

Freiner risque de vous bloquer sur un obstacle en faisant tourner le guidon.

Freiner provoque des pertes d'adhérence.

Avec la pédale intérieure en bas, c'est la chute assurée.

Les virages en épingle

Parmi les virages, ceux en « épingle à cheveux » sont particuliers. D'une part car leur rayon de courbure est très petit (parfois moins d'un mètre !), et d'autre part car les terrains où ce genre de virage existe sont normalement accidentés (sinon le virage aurait été élargi), ce qui veut dire qu'il n'est pas possible de sortir de la trajectoire, que cela peut être dangeux, voire vital en cas de falaise. Mais bien abordé, ce virage n'est pas le plus difficile, car il se franchit souvent à faible vitesse.

Règle n° 1 : molo sur la vitesse

Pour votre sécurité, s'il y a bien une règle à respecter c'est celle-ci : en terrain inconnu, à l'approche d'un virage où vous n'avez pas de visibilité sur la sortie, adoptez une vitesse modérée vous permettant de vous arrêter à tout moment ou, suivant votre niveau, d'être sûr de « passer » sans sortir de la courbe... Car ici, la chute peut être fatale !

Règle n° 2 : le regard à l'affût

Pour savoir si le virage se resserre, si la pente est forte après, si le risque est important (falaise) où s'il y a des rochers à éviter, forcez-vous à prendre le maximum d'infos le plus tôt possible. Vous pourrez ainsi ajuster votre comportement avant d'être mis en difficulté par le terrain. Mais cela permettra surtout d'orienter votre buste dans la direction à suivre. Regardez ci-contre l'orientation des épaules avant le virage.

Le conseil du pro : si le terrain vous le permet, n'hésitez-pas à élargir votre trajectoire en entrée de courbe, quite à monter dans le talus (flèche jaune) !

Règle n° 3 : adhérence maxi

Ici les roues doivent passer exactement là où vous l'avez décidé. Le virage glissé n'est pas pour tout de suite. Alors pour donner un maximum d'adhérence aux deux roues, restez d'abord bien centré au milieu du vélo. Ne vous mettez pas en arrière (sauf si la pente est très forte ; voir ci-contre). Vos bras doivent être fléchis.
Pour augmenter l'accroche, notamment si le sentier est en dévers, placez votre pédale extérieure en bas dès le début de la courbe. Ainsi, en vous appuyant principalement sur votre pied extérieur (ou aval puisqu'un virage en épingle est souvent en dévers) vous trouverez beaucoup plus d'équilibre et vous ne vous ferez pas embarquer.

Règle n° 4 : jusqu'au bout sur l'avant

Justement, pour ne pas vous faire « embarquer » vers la sortie, restez positionné jusqu'à la fin sur l'avant, avec vos bras fléchis et vos épaules au dessus du guidon. À aucun moment vous ne devez être loin derrière, au risque d'alléger votre roue avant, qui partira dans le décor.

Les clés de la réussite, ce sont :

- **un équilibre presque intégralement sur la pédale extérieure et...**
- **les épaules en avant, orientées le plus tôt possible dans la courbe.**

Forte pente

Dans le cas où la pente serait très (très) forte, vous allez adopter une vitesse encore plus faible car le rayon de courbure sera forcément très petit. Avec la forte inclinaison, vous devrez contrôler votre vitesse avec le frein avant et ces deux paramètres amèneront votre équilibre au-dessus du poste de pilotage. Cette fois, vos fesses passeront en effet derrière selle, comme sur la photo ci-contre.

Virage très serré

Lorsque le chemin fait presque un angle de 180°, le vélo ne peut pas tourner avec les deux roues au sol. Il faut alors faire un pivot sur la roue avant pour déplacer la roue arrière. Dans ce cas, placez votre roue avant le plus à l'intérieur possible de la courbe (contrairement à la technique vue plus haut) afin de laisser de la place pour faire pivoter l'arrière du vélo. Une fois la roue avant engagée en direction de la sortie, bloquez le frein avant et laissez monter le vélo sous vos jambes (en les fléchissant). Pour provoquer la rotation de la roue arrière, faites pivoter votre bassin, et appuyez sur votre guidon du côté aval (extérieur à la courbe). Cette pression inclinera le vélo du côté extérieur à la courbe, facilitant ainsi la rotation. Entraînez-vous d'abord à bien maîtriser la levée de roue arrière (cf. p. 124).

Le dérapage quant à lui provoque trop d'érosion sur ce type de chemin propice au ravinement. En plus, le contrôle de la roue arrière est très incertain (décrochage, blocage,...). À proscrire donc !

Les dévers

Comme le dahu, le vététiste se débrouille bien pour franchir des portions de dévers, à condition de suivre ces quelques conseils...

Le dévers en descente ou sans pédaler

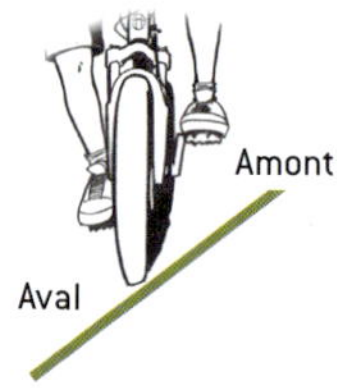

Règle n° 1 : s'appuyer sur la pédale aval

Jamais les pédales à la même hauteur.

Dans une traversée en dévers, un côté se nomme l'aval* (en bas, du côté de la vallée) alors que l'autre s'appelle l'amont* (en haut, du côté de la montagne). Retenez-les bien !

Dans un dévers, il est obligatoire de placer la pédale aval en bas et de prendre appui sur celle-ci. Les pédales ne doivent jamais être à la même hauteur. Pour bien placer tout votre appui sur la pédale aval, vous pouvez presque enlever le pied de la pédale amont. C'est cette seule position qui vous permet de « tenir » dans le dévers.

Règle n° 2 : passer avec de la vitesse

Comme tout obstacle, le dévers doit être franchi rapidement.
Si cela peut être impressionnant, sachez que la vitesse augmentera votre équilibre latéral, nécessaire pour ne pas glisser ou être déséquilibré à droite ou à gauche. Si vous sentez que « ça part », vous pourrez toujours vous diriger vers le bas du dévers.

Règle n° 3 : fixer une trajectoire haute

Pour limiter la descente vers l'aval, regardez le haut du dévers pour essayer d'avoir une trajectoire la plus haute possible...

Règle n° 4 : placer son corps en aval

Pour mettre tout votre poids sur la pédale aval, décalez votre bassin et vos épaules au-dessus de celle-ci en vous déportant vers l'aval. Si vous restez à la verticale ou si vous vous penchez vers l'amont, la glissade est assurée.

Le dévers en montée ou en pédalant

Certains dévers peuvent être franchis uniquement en pédalant car ils sont en montée ou tellement longs que la vitesse prise avant le dévers n'est pas suffisante.

Règle n° 1 : pédalez, oui mais de biais !

Puisqu'il faut pédaler et que vous êtes en plein dévers, attention à ce que la pédale amont ne touche pas le sol.
Pour cela vous devez orienter votre vélo vers l'aval alors que votre corps devra rester vers l'amont pour conserver l'équilibre.
Cette position de pédalage n'est pas très confortable mais c'est la seule qui vous permet de franchir le dévers.

Règle n° 2 : le regard, encore et encore...

Plus que jamais, vous devez regarder le haut du dévers et chercher à y emmener vos roues. Ici l'objectif est de rester le plus haut possible et de ne pas descendre vers l'aval. Pour cela, votre regard est capital : votre vélo ira où vos yeux regardent.

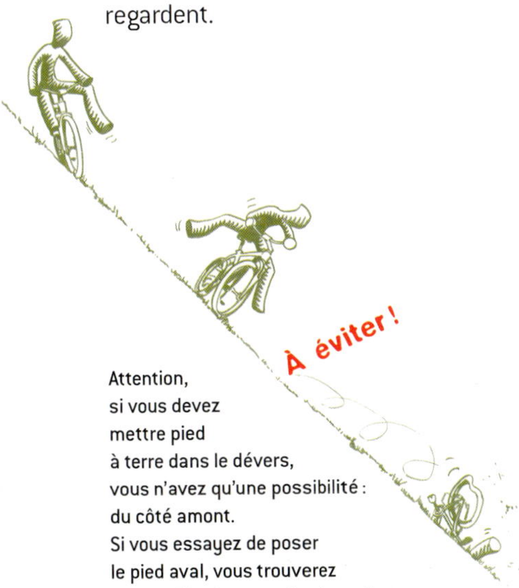

Attention, si vous devez mettre pied à terre dans le dévers, vous n'avez qu'une possibilité : du côté amont. Si vous essayez de poser le pied aval, vous trouverez la terre bien basse et la chute risque d'être douloureuse...

Êtes-vous prêt ? Si vous lisez ce chapitre, c'est que vous avez envie de vivre des sensations au guidon de votre VTT. Mais pour cela, il va falloir s'investir dans le pilotage : appuyer, tirer, pomper, avaler, enrouler... Vous verrez que le VTT est un sport complet : le haut du corps est très actif !

Pour bien piloter

S'alléger-Appuyer

Lorsqu'on débute, on conduit son VTT basiquement à gauche et à droite. Ensuite, on passe à une conduite plus élaborée, en sollicitant deux équilibres :

- l'équilibre latéral que l'on exploite surtout dans les courbes (ou les dévers) grâce à l'appui que l'on place plus ou moins sur la pédale extérieure (aval en dévers) et sur la poignée gauche ou droite du guidon ;

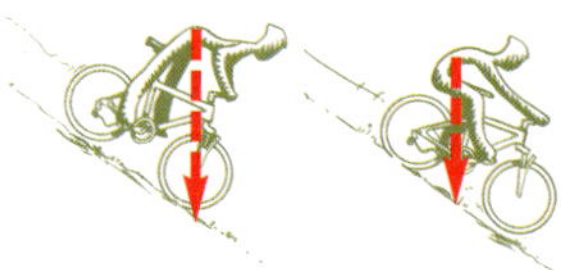

- l'équilibre antéro-postérieur (avant - arrière) qui est sollicité dans toutes les pentes (comme ci-contre), mais aussi pour le cabrage*, *manual**, *bunny-up** ou tout geste où une seule roue doit décoller. On agit sur l'équilibre antéro-postérieur essentiellement en avançant ou en reculant les épaules.

Bienvenue dans le monde vertical

Pour parfaire notre pilotage, nous pouvons aussi utiliser l'équilibre vertical (bas-haut) qui permet d'exercer des pressions sur le sol et ainsi trouver des appuis et de l'adhérence, ou au contraire d'alléger les roues pour passer tout en douceur sur une zone chaotique (pierrier, racines...).
Si vous restez centré au milieu du vélo, vous agissez sur les deux roues en même temps, ce qui permet de franchir de longs obstacles, ou des zones où vos roues doivent avoir la même pression sur le sol, ce qui est le cas dans un virage relevé par exemple.

Vous pouvez ainsi faire un saut simultané (décoller les deux roues en même temps) par compression/extension. Mais attention, ce geste n'est pas très utile (sauf dans la technique du saut de bosse page 136) et ne correspond pas du tout à un *bunny-up** !
Sans pour autant faire décoller les roues, l'allégement qui sera provoqué grâce à votre extension générera une pression moindre sur le terrain, ce qui est intéressant lorsque le vélo passe sur des racines, des pierres, des trous... comme sur la photo séquence page ci-contre avec la pierre et la légère bosse.

Sans pression, pas d'allégement !

Pour qu'il y ait un allégement, il faut forcément qu'il y ait eu avant une compression pour qu'une différence s'exerce sur les roues. C'est le même principe que sur votre pèse-personne : si vous voulez vous rendre plus léger, baissez-vous et grandissez-vous. Les chiffres vous indiquent un poids bien inférieur à celui qui est le vôtre. En revanche, pour que la différence soit importante, il faut réaliser cette compression/extension rapidement, sinon l'effet sera moindre. Sur le vélo, le principe est le même et vos mouvements doivent être effectués de manière très dynamique.

Sans allégement, pas de pression !

De la même manière, si vous voulez exercer une pression pour trouver de l'adhérence dans un virage ou lors d'un freinage, il faut qu'une différence se remarque au niveau des pneus. Pour mieux les écraser, il faut dans ce cas s'être allégé

Illustration d'un changement d'appuis en *bunny-up** lors de l'enchaînement de deux courbes : les actions de pression, allégement et pression sont ainsi exagérées. Ça accroche !

auparavant. Reprenons le pèse-personne : si vous voulez peser plus lourd, vous allez vous grandir puis vous accroupir. Record battu si le geste est dynamique... ! Maintenant, application sur le vélo. Vous devez vous faire tout léger à certains moments (racines, légère bosse, pierrier...) et très lourd à d'autres (virage, appel d'une bosse, avant un allégement...). Plus question de rester immobile sur votre vélo : vous devez bouger !

Compression (1) avant l'allégement (2) qui permet de franchir la dalle sans pincer, afin de suivre la meilleure trajectoire pour un virage à gauche où le pilote entre en remettant une légère pression (3).

Les déplacements

Si vous voulez être « bien posé » sur votre vélo et bien le maîtriser à l'arrêt ou dans des zones de maniabilité, le déplacement des roues va être indispensable. Ce geste va vous faire découvrir les techniques du trial et ainsi vous donner de l'aisance pour évoluer à vitesse lente sur terrain varié.

Règle n° 1 : freins bloqués

L'ensemble des déplacements de roue se réalise avec les deux freins bloqués afin de rester précis sur le positionnement des roues, notamment à la réception. Vos leviers de freins doivent donc être bien réglés pour que vous puissiez à la fois tirer sur le guidon et freiner (cf. page 42).

Déplacement de roue avant

Pour déplacer la roue avant, il faut, comme nous l'avons vu à la page précédente, alléger la roue, et donc auparavant la comprimer (1) en approchant vos épaules du guidon. Détendez-vous d'un coup sec (2) en direction de l'endroit où vous voulez emmenez votre roue avant (3). Le regard est ici fondamental. La réception doit se faire en douceur en amortissant avec vos bras (4).

Déplacement de roue arrière

Le principe de ce geste est similaire au précédent : adoptez une position avec les fesses sur l'arrière du vélo (1), puis écrasez votre vélo avec les fesses toujours en arrière (2). Allégez ensuite la roue arrière en vous grandissant et en venant vous placer très en avant, avec la tête en avant du guidon (3). Dès que la roue se soulève, faites pivoter votre bassin dans la direction où vous souhaitez vous déplacer (le pied opposé va aider en poussant le vélo dans la direction souhaitée). Essayez d'être souple lors de la réception de la roue arrière (4) en vous recentrant sur le vélo.

Déplacer les deux roues

Vous pouvez maintenant combiner les deux techniques et réaliser des déplacements latéraux. L'enchaînement sera en plus facilité.

Après avoir comprimé la roue avant (1), déplacez-vous vers l'arrière (2) pour alléger votre roue avant et la déplacer (3). À cet instant précis, vous êtes alors positionné sur l'arrière du vélo, ce qui comprime déjà la roue arrière : c'est idéal avant de vouloir la soulever.
Repasser alors sur l'avant du vélo tout en vous abaissant (4), puis grandissez-vous pour soulever la roue arrière qui est allégée (5) et que vous pouvez déplacer en faisant pivoter votre bassin et en poussant avec le pied opposé à la direction du déplacement souhaité (6).
Et ainsi de suite jusqu'à...

Pour vous entraîner, voici 3 exercices :

Exercice n° 1 : le tunnel

Placez vos roues de chaque côté d'une branche, d'une corde ou d'une ligne au sol et essayez de la suivre « en crabe », en déplaçant alternativement la roue avant puis la roue arrière tel que nous venons de le voir.

Exercice n° 2 : l'horloge

Essayez de faire un tour complet (360°) en utilisant uniquement des déplacements de la roue avant.

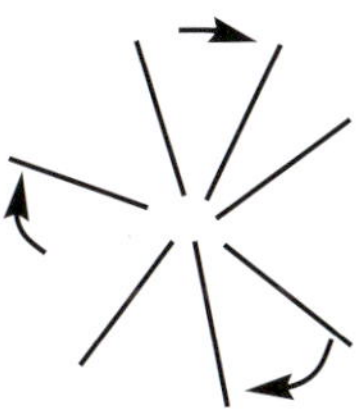

Exercice n° 3 : la trotteuse

C'est le même exercice que l'horloge, mais cette fois vous devez faire le tour de l'horloge en un minimum de déplacements. Il est possible de faire des déplacements de 90°, soit un tour complet en 4 gestes. Record à battre...

LE CONSEIL DU MONITEUR

Exercez-vous bien des deux côtés, à droite comme à gauche, avec la roue avant comme avec la roue arrière, dans un sens comme dans l'autre, sinon vous serez « handicapé » d'un côté !

Le cabrage

Si votre roue avant passe l'obstacle, vous avez 80 % de chance pour que tout le vélo passe ! La gestion de la roue arrière viendra dans un second temps... À l'approche d'un obstacle (rigole, bosse, branche...), il est souvent nécessaire d'effectuer un cabrage, mouvement qui consiste à lever la roue avant un court instant afin que celle-ci ne bute pas sur l'obstacle. Si vous croyez que le cabrage est réservé aux « gros bras », détrompez-vous : une bonne technique vous permet, sans effort, de soulever l'avant, ce qui vous donnera une bonne base pour tous les autres franchissements : *bunny-up*, manual*...*

Règle n° 1 : sans les bras...!

Contrairement à ce que beaucoup croient, le cabrage ne se fait pas en tirant le guidon vers soi avec les bras. Si cela provoque une levée de roue, celle-ci n'est pas correcte. La roue avant va en effet retomber plus vite que vous ne l'avez levée... et parfois pile sur l'obstacle. Vous risquez alors de voler par-dessus le guidon ou de vous écraser sur la potence. Aïe !

Pour bien cabrer, il faut procéder en deux temps avec le principe de compression / extension de la roue avant (tel un ressort) en déplaçant les épaules.

Phase 1 - compression : comprimer la fourche et le pneu avant en avançant les épaules au-dessus du guidon, voire plus loin.

Phase 2 - extension : alléger la roue avant en déplaçant les épaules vers l'arrière... et les pieds vers l'avant pour faciliter la rotation ! Regardez vos bras pour savoir si votre cabrage est bon. Ils doivent être tendus. Cela permet de savoir si vos épaules sont en arrière ou pas.

Règle n° 2 : le frein arrière pour la sécurité

Pour les cabrages, les *manuals**, les *bunny-up**, votre index droit constitue votre garantie de sécurité. C'est lui qui vous permettra de redescendre si votre cabrage est trop important (ce qui n'arrive pas tout de suite, rassurez-vous !).

Dès que vous constatez que votre cabrage est trop fort et que vous allez vous retourner, un petit coup de frein sur la roue arrière vous fera redescendre tout de suite. Pas besoin d'être brusque : plus le freinage sera doux, plus la réception de la roue avant sera agréable.

Tant que ce geste de sécurité n'est pas automatisé, vous aurez une appréhension à lancer vos épaules en arrière. Or le cabrage est la base du *manual* et du *bunny-up*. Vous devez donc le maîtriser avant.

Pour acquérir ce réflexe, entraînez-vous dans l'herbe. Voici deux exercices pour cela :

Exercice n° 1 : faites un très gros cabrage afin de venir poser vos pieds en arrière. Exagérez bien le principe de compression/extension pour y arriver. Attention, si vous utilisez des pédales automatiques, ce sont vos fesses que vous allez poser. Il est donc obligatoire de travailler d'abord avec des pédales plates.

Exercice n° 2 : faites un gros cabrage puis freinez volontairement du frein arrière pour retomber. Ci-contre, le cabrage est trop important et sans freinage, le retournement est assuré... Essayez cet exercice pour faire retomber la roue avant à un endroit exact : une tache, une ligne de sol... comme si vous visiez une cible.

Cette règle sera identique pour le *wheeling* (page 94). Entraînez-vous déjà !

Règle n° 3 : une bonne position...

Si votre tête regarde par terre, vos épaules seront orientées vers le sol et votre roue avant ne décollera pas beaucoup et pas longtemps. Votre dos doit être droit (vertical) comme sur la photo ci-dessus. Pour y arriver, il faut :

• relever la tête en regardant loin, là où vous devez aller. Cela vous aidera en plus à prendre des informations sur la suite de la trajectoire ;

• avancer votre bassin quand vous lancez votre cabrage...

Le regard doit être à l'horizontale et non pas dirigé par terre, car l'orientation de la tête oriente les épaules. Ici, le dos n'est pas droit et le bassin pas avancé.

Pas besoin d'un cabrage énorme lorsque l'obstacle est petit... Cela ne sert à rien et aura plutôt tendance à vous déséquilibrer.

Les franchissements

Plus vous allez rouler sur des terrains techniques, plus vous allez trouver des obstacles hauts... et plus vous allez rechercher à jouer avec ceux-ci en les franchissant ! Votre objectif va bientôt être de passer les obstacles sans poser le pied à terre et si possible sans ralentir. Mais cela fait appel à des techniques plus fines, car le timing est bien plus rapide. Vous allez devoir faire fonctionner votre tête... Attention néanmoins : les techniques suivantes ne s'apprennent pas avec des pédales automatiques, sinon vous allez acquérir de mauvais réflexes. Entraînez-vous avec des pédales plates.
Tout d'abord, retenez qu'il existe plusieurs techniques de franchissement. Vous allez donc devoir choisir le bon geste en fonction de l'obstacle, mais surtout suivant la vitesse à laquelle vous roulez. Avant leur décomposition dans les pages suivantes, voici la liste de tous les franchissements de base, classés dans l'ordre croissant des vitesses d'approche de l'obstacle.

Le franchissement à l'enroulé

On parle de franchissement à l'enroulé car ces techniques permettent de franchir des obstacles avec en permanence au moins le contact d'une roue au sol, en enroulant l'obstacle dans la continuité du déplacement : on vient d'abord poser la roue avant sur l'obstacle, puis on fait ensuite monter la roue arrière. Seule la technique pour faire monter la roue avant va différencier ces deux gestes, principalement pour une raison de vitesse d'approche.

Le franchissement *wheeling*

Lorsque l'on a très peu de vitesse, ou que l'on dispose de très peu d'élan, cette technique permet de prendre assez de vitesse grâce à un tour ou un demi tour de pédales, et le wheeling fait monter la roue avant suffisamment haut pour la poser sur l'obstacle. C'est une technique assez fine, utilisée avant tout en trial, sur des zones très restreintes (maniabilité).

Le franchissement cabré

Si l'on a un minimum de vitesse, il n'est pas utile de pédaler pour monter sur un obstacle. On lèvera d'abord la roue avant par un cabrage, puis la roue arrière par allègement. Le franchissement s'est alors déroulé sans pédaler.

Lorsque votre vitesse est plus rapide, vous ne pouvez plus effectuer ces franchissements car le temps pour lever la roue arrière lorsque la roue avant est posée est trop court. Dans ce cas, ce sont d'autres techniques qui vont vous faire prendre de la hauteur :

Les franchissements sautés

Avec une vitesse importante, le franchissement ne peut se faire qu'en décollant les deux roues du sol, soit en même temps (saut simultané), soit alternativement, la roue avant en premier, puis tout de suite après la roue arrière : c'est le *bunny-up* et le *pedal-up*.

Le saut simultané

Beaucoup de vététistes réalisent ce saut alors qu'il n'est pas d'une grande utilité. En revanche, c'est le plus intuitif et le plus facile de tous pour soulever les deux roues, ce qui fait que beaucoup d'entre-vous l'adoptent, sans connaître les autres.
Le principe est très simple : c'est une compression-extension très dynamique en restant centré sur son vélo. Ce type de saut est à proscrire car il ne permet pas de sauter haut et, surtout, la roue arrière retombe souvent sur l'obstacle, ce qui fait que même pour franchir un petit obstacle, il exige une vitesse importante.

Pour gagner en amplitude, vous pouvez tirer le guidon à vous et fléchir les jambes pour laisser le vélo monter sous vos fesses.

Le *bunny-up*

Ce geste va révolutionner votre manière de rouler. On peut l'utiliser à vitesse rapide, mais aussi à vitesse lente lorsqu'on le maîtrise. C'est la technique idéale pour franchir de gros obstacles ou une zone en longueur (flaque, trou…), mais aussi la moins sollicitante pour de petits obstacles.

Le *pedal-up*

Enfin, vous trouverez en dernier l'explication du *pedal-up*, qui combine les techniques du *bunny-up* et du franchissement *wheeling* afin de s'adapter à différentes situations (surprise, vitesse faible…) et différents obstacles.

Le franchissement cabré

C'est la plus simple des techniques de franchissement. Je vous conseille donc de commencer par celle-ci. Elle nécessite un tout petit peu de vitesse (entre 5 et 10 km/h, soit environ la vitesse de la marche) et permet de franchir une marche en hauteur (mais aussi un trou, un rondin...) en décomposant le lever de roue avant et de roue arrière. Pour commencer, entraînez-vous sur une marche comme-ci dessous.

Comme vous estimez avoir suffisamment de vitesse pour franchir l'obstacle, la levée de roue avant va se faire par un cabrage, d'où le nom de franchissement cabré. Cette technique est aussi très simple car les pédales restent constamment au même niveau (manivelles horizontales). Explications :

Phase 1 : adaptez votre vitesse pour avoir le temps de décomposer votre geste. Plus vous irez vite, plus le geste sera difficile car les phases 2 et 3 seront très proches, voire trop proches et le geste ne sera pas réalisable (cf. erreur en bas de page). Lors de cette phase vous devez préparer votre cabrage, c'est-à-dire comprimer votre roue avant comme pour le cabrage vu page 90.

Phase 2 : déclenchez votre cabrage avant l'obstacle pour poser votre roue avant juste derrière l'obstacle ou à son sommet si c'est une marche en hauteur. La distance à laquelle vous allez le déclenchez en amenant vos épaules vers l'arrière va dépendre de votre vitesse d'approche : plus elle est rapide et plus le déclenchement sera loin de l'obstacle. Mais l'important est bien la zone où vous posez votre roue avant : juste sur l'arête. Notez aussi que vous devez rester positionné sur l'arrière du vélo (si possible avec les jambes fléchies, pour la phase 3).

À éviter !

Vous allez trop vite ou vous avez posé votre roue avant trop loin !

Le cabrage est trop gros par rapport à l'obstacle. Pas besoin de faire autant d'efforts...

Le conseil du pro : regardez la zone de réception de la roue avant. Ce doit être précisément l'arête de la marche ou juste derrière le rondin ou le trou, ceci afin d'avoir le temps de déclencher la levée de roue arrière. Si votre cabrage est trop gros, vous pouvez freiner légèrement de l'arrière afin de faire retomber la roue avant, ou repositionner vos épaules vers l'avant, ce qui permettra d'enchaîner le geste comme ci-dessous.

Phase 3 : dès que la roue avant est posée, déplacez rapidement vos épaules et votre bassin vers l'avant pour alléger votre roue arrière. Attention, ne freinez surtout pas de l'avant pour faire lever l'arrière du vélo, car cela stopperait votre vitesse et votre roue arrière retomberait sur l'obstacle.

Phase 4 : pour faire lever la roue arrière, il faut vous détendre vers le haut et l'avant, puisque vos jambes étaient comprimées dans la phase précédente. Laissez ensuite votre roue arrière monter sous vos fesses (voir endo* page 124).

Si la marche est très haute, poussez votre guidon vers l'avant (en fin du geste) pour aider la roue arrière à monter et conserver de la vitesse.

Retenez donc bien que les manivelles restent toujours à l'horizontale et que c'est simplement par compression-allègement de la roue avant, puis par compression-allègement de la roue arrière que les roues se lèvent alternativement. Il ne vous reste plus qu'à être dans le bon timing...

Le franchissement *wheeling*

Cette technique est plus compliquée car elle nécessite beaucoup plus d'équilibre, puisqu'elle permet de franchir des obstacles à vitesse très faible, voire arrêté juste devant l'obstacle. Moins utilisée sur les chemins, elle est plutôt issue du trial* et vous servira en *Street** ou lorsque vous vous trouverez nez à nez avec un tronc qui vous barre la route, sans élan pour le sauter.
On parle d'un franchissement *wheeling* car la roue avant monte grâce au pédalage (*wheeling*), qui permet en plus d'acquérir la vitesse qui manquait.

Attention : pour réussir ce geste avec les distances indiquées ci-après, vous devez utiliser LE développement « passe-partout », soit un rapport de 1 (braquet de 22 X 22 ou 32 X 32 par exemple).
Préparation : le geste commence juste avant l'obstacle (souvent arrêté) à une distance d'un empattement de vélo (un peu plus d'un mètre) : là, vous devez avoir obligatoirement le pied fort* en avant.
Le conseil du pro : entraînez-vous par la même occasion au surplace, avec le pied fort en avant, mais aussi avec le pied faible en avant.

Phase 1 : débutez le pédalage avec le pied fort* pour prendre un peu de vitesse. Les épaules sont avancées pour comprimer la roue avant. Vous devez faire un demi-tour de pédalier avec les deux roues au sol.

Phase 2 : lancez le wheeling sur le pied faible* à 50 cm de l'obstacle (pas trop proche pour ne pas le buter en montant). Vous devez faire un demi-tour de pédalier avec la roue avant en l'air.

Phase 3 : arrêtez de pédaler dès que votre pied fort se retrouve en avant et cherchez à poser la roue avant juste derrière l'obstacle (ou au sommet pour une marche haute). Vous avez fait au total un seul tour de pédalier.

Phase 4 : levez la roue arrière par une extension des jambes et un avancement des épaules. Aidez-vous en griffant les pédales (extension des chevilles vers l'arrière et le haut), mais n'utilisez pas le frein avant. Avec le pied fort en avant (position de base), vous êtes ainsi « bien placé » pour effectuer le lever de roue arrière.

Le franchissement *wheeling* se réalise donc avec un seul tour de pédalier. L'important est d'être bien positionné (en position de base) au moment du lever de roue arrière. C'est pourquoi le pied fort doit arriver en avant au moment où la roue avant se pose.

Le conseil du pro : pour prendre vos marques et savoir quand se placer sur le pied fort et quand lancer le *wheeling* sur le pied faible, faites rouler votre vélo en arrière pour observer la position des pédales aux différents moments.

Le franchissement « à zéro »

épart à 30 cm environ.

Ce franchissement se réalise aussi en partant juste devant l'obstacle (30 cm environ). On dit « à zéro » car il n'y a plus la prise d'élan correspondant à la phase 1, ce qui est fréquent en trial puisqu'il y a peu d'espace. Le geste commence donc directement par le *wheeling* de la phase 2, que l'on lance après un surplace sur le pied faible. Voilà pourquoi il faut tenir en surplace sur le pied fort et aussi le pied faible.

Monter une grosse marche

Avec ce geste, vous pourrez monter des marches de 50 cm et plus. La différence sera l'amplitude et l'explosivité de la compression-extension des jambes, puis l'aide en lançant le guidon en avant à la fin du geste.

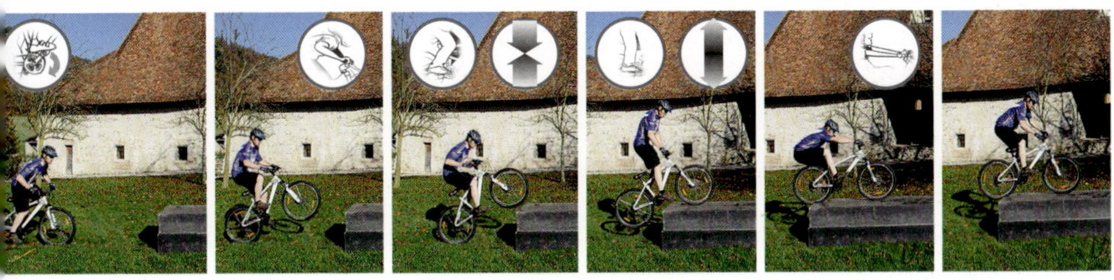

Le conseil du pro : ce *wheeling* se réalise debout (fesses décolées de la selle et épaules en arrière). Entraînez-vous sans obstacle : c'est un bon exercice d'équilibre.

À éviter !

Ne reprenez pas le pédalage sur l'obstacle, surtout s'il est humide, donc glissant…

Impossible de lever l'arrière si les pieds ne sont pas au même niveau (position de base).

Trop gros cabrage pour un obstacle de cette taille !

Le *bunny-up*

Voici le geste qui va vous faire accéder à une autre dimension du pilotage. Avec le *bunny-up*, vous ne verrez plus le terrain de la même manière ! Alors qu'avant vous évitiez les cailloux, les rigoles et les flaques, demain vous allez les rechercher pour sauter par-dessus. Vous allez jouer avec les éléments de la nature !

Règle n° 1 : oubliez les pédales automatiques

Comme vous avez dû le comprendre précédemment, soulever la roue arrière ne se fait pas grâce à des pédales automatiques. Pire, si vous en utilisez, vous allez apprendre un très mauvais geste qui risquera de vous jouer des tours. Pour progresser, installez de bonnes pédales plates (voir page 25) et prenez au début une paire de protège-tibias... Le choix de votre vélo est également important. Pour réaliser plus rapidement ce geste emblématique, un VTT court et semi-rigide est préférable. Si le vôtre est très grand, très long ou lourd et avec une suspension arrière, laissez-le au garage pour l'instant... Un petit VTT, ou mieux, un BMX ou un VTT typé *dirt* sera idéal pour l'apprentissage. Ensuite, vous reproduirez cette technique sur votre vélo, y compris avec la selle haute.

Règle n° 2 : ce n'est peut-être pas le moment...

Pour apprendre ce geste, il faut absolument que vous maîtrisiez le cabrage. Si ce n'est pas le cas, reportez-vous à la page 90. Lorsque vous réaliserez de bons cabrages (au moins 30 cm sur quelques mètres), vous pourrez revenir à ces pages et vous aurez bien plus de réussite.

Règle N° 3 : pas une, pas deux, mais TROIS phases

Le *bunny-up* se distingue du saut simultané (page 93) par trois phases bien distinctes pour décoller les deux roues. Si vous en enlevez une, vous n'y arriverez pas. Comprenez donc bien ces trois moments et toute leur importance.

Phase 1 : la compression

Une bonne compression de la roue avant permet de lever la roue avant (en phase 2) sans effort. Cette compression se fait en avançant et en baissant les épaules. Observez la flexion des bras et le menton presque sur le guidon.

Phase 2 : le cabrage

La roue avant se lève car elle est allégée lorsque vous lancez les épaules en arrière. Déclenchez ce geste à une distance proportionnelle à votre vitesse (car vous continuez à avancer pendant le cabrage). Si vous allez vite, déclenchez votre cabrage plus tôt sinon votre roue arrière va taper l'obstacle !

Phase 3 : l'extension

Lors du cabrage, vous avez comprimé la roue arrière. Il faut donc enlever cette pression en poussant sur vos pédales pour vous projeter (épaules et bassin) vers le haut et l'avant.
Ensuite, pour aider l'arrière à monter, poussez le guidon vers l'avant (regardez les bras ci-contre).

Pour vous aider

Ce geste n'est pas facile à réaliser. Il demande de l'entraînement et cela est bien normal, comme pour d'autres activités. Ne renoncez pas après quelques essais. Reprenez les trois phases : les phases 1 et 2 doivent être maîtrisées, sinon, retour page 90. N'hésitez pas non plus à faire appel à un moniteur qui vous dira rapidement ce qui manque dans votre geste... Pour vous aider, utilisez un petit rondin ou une latte qui matérialise l'obstacle à franchir.

Votre premier objectif sera de le franchir en cabrage, en roulant dessus avec la roue arrière seulement. Votre second objectif sera de faire décoller la roue arrière avant qu'elle ne touche ce rondin.

En phase 3, deux actions mineures vous aideront :

– faire pivoter vos poignets vers l'avant pour aider le vélo à « tourner » en l'air ;

– « griffer » les pédales : par une extension de cheville qui va orienter vos plantes de pied vers l'arrière et le haut afin d'aider le vélo à pivoter et donc la roue arrière à se lever.

Les erreurs à éviter

Vous ne pourrez pas réaliser de *bunny-up* si votre cabrage est tout petit : le vélo ne pourra pas pivoter sur lui-même. *A contrario*, un trop gros cabrage perturbera votre extension (phase 3). Avec un cabrage trop gros ou trop près de l'obstacle vous taperez le rondin avec la roue arrière : la conséquence sera un « coup de raquette » qui va vite vous faire retomber, avec parfois une crevaison par pincement.

Une vitesse trop faible vous fera retomber sur l'obstacle. À vitesse faible, la technique devra être différente, avec un franchissement cabré, voire un franchissement *wheeling* (cf. page 96) pour passer le rondin.

Les différentes techniques

Le *bunny-up* est utile dans de nombreuses situations. Selon l'obstacle et la pente, la réception se fera roue avant ou roue arrière.

En descente ou lorsqu'il faut piloter juste derrière l'obstacle (virage, freinage...), il faut réceptionner roue avant ou les deux roues en même temps pour « contrôler » le plus vite possible, comme ci-contre.

Sur le plat ou sur une zone de réception montante, la réception se fait plutôt sur la roue arrière afin de continuer à progresser (en posant la roue avant plus loin), ou tout simplement pour amortir la réception avec les jambes.

Le *bunny-up* permet aussi de franchir des obstacles latéraux, comme monter sur un trottoir, sortir d'une ornière ou la franchir comme ci-contre. Dans ce cas, le geste est le même sauf qu'il faut décaler les épaules lors du cabrage pour « amener » la roue d'un côté. Lorsque la roue avant redescend et que l'arrière monte, il faut décaler le bassin pour que tout le vélo suive...

Souvenez-vous que ce sont vos épaules qui emmènent votre vélo... Si vous voulez réaliser de bons *bunny-up*, il faudra accepter de « projeter » les épaules vers l'avant. Observez la position des épaules sur la photo séquence suivante. Sans l'engagement du haut du corps, la roue arrière ne se soulèverait jamais...

La tête est plus avancée que le guidon.

Le *pedal-up*

Si vous avez compris les différentes techniques de franchissement des pages précédentes, nous allons maintenant les combiner pour monter sur une marche haute, avec ou sans vitesse, en se servant du pédalage. C'est un mélange entre le *bunny-up* (page 98) parfois difficile à déclencher avec peu de vitesse et le franchissement *wheeling* (page 96). Avec le *pedal-up*, vous allez pouvoir monter des marches même avec votre vélo de cross-country, réagir à un obstacle par surprise, et ceci avec n'importe quel braquet...

Phase 1

Ici l'important est de se préparer pour soulever la roue avant juste devant la marche, donc par un *wheeling* déclenché avec le pied faible*. Mais si la roue avant se lève, ce n'est pas grâce à votre « puissance » sur la pédale, mais surtout par l'allègement de la roue. Pour le préparer, observez l'avancement des épaules qui vient écraser la fourche.

Le conseil du pro : adaptez votre vitesse à votre maîtrise de cette technique : plus vous irez doucement et plus vous aurez de temps pour réaliser l'enchaînement de gestes. Votre braquet doit néanmoins être adapté à votre vitesse de déplacement. Ce geste n'est pas possible si vous pédalez dans la semoule avec un braquet trop petit, ou inversement si vous « tirez trop gros ».

Phase 2

Quand votre pied faible (gauche pour moi) arrivera en haut, déplacez vos épaules vers l'arrière et continuez à pédaler : c'est le franchissement *wheeling* appris page 96.

La pratique est capitale pour savoir à quelle distance de l'obstacle vous serez sur le pied faible en fonction du braquet. Pour « tricher », n'hésitez pas à faire un petit arrêt de pédalage afin d'être sûr de lancer le *wheeling* avec le pied faible.

Phase 3

Préparez-vous pour l'envol : au moment où votre pied fort arrivera devant, vous déclencherez une extension des jambes, comme pour le *bunny-up*. Mais pour cela, vos jambes devront être un peu fléchies.

Phase 4

Lorsque la roue avant arrive au-dessus de la marche (ou un peu avant si vous arrivez très vite), déclenchez de manière dynamique l'extension de jambes qui va alléger la roue arrière et la faire décoller.

Phase 5

Il faut maintenant que la roue arrière monte suffisamment pour se poser au sommet de la marche.

Pour cela vous devez effectuer les trois actions simultanément :

- engager les épaules vers l'avant ;
- pousser le guidon vers l'avant, ce qui aura pour incidence de faire pivoter le vélo et de lui redonner son assiette*, donc d'aider la roue arrière à monter.
- laisser monter la roue arrière sous les fesses, en pliant les jambes.

Regardez le mouvement des bras sur l'enchaînement des trois photos.

Phase 6

La réception peut se faire sur les deux roues, sur la roue avant si vous voulez rapidement reprendre le contrôle (freinage et trajectoire), ou sur la roue arrière pour le style et peut-être bientôt finir par un *manual**.

Attention

Si votre geste n'est pas dans le bon timing, notamment au niveau des pieds et du déclenchement du *pedal-up*, la roue arrière risque de taper. Exercez-vous d'abord sans obstacle, puis sur des marches de 10, 20 puis 30 cm, puis avec différents braquets.

Enrouler une bosse

Les bosses ne sont pas très fréquentes sur les chemins, mais certains talus s'y apparentent. Si vous en croisez, deux choix s'offrent à vous : sauter ou enrouler la bosse ! À moins que vous ne préfériez passer à 5 km/h… Enrouler une bosse correspond à son franchissement sans décoller les roues. Cette technique est très importante car elle est utilisée dans de nombreux cas :

- vous n'avez pas envie ou ne savez pas encore sauter ;
- vous ne savez pas ce qu'il y a derrière la bosse ;
- vous voulez passer plus rapidement ;
- vous devez piloter tout de suite derrière (courbe,…).

Règle n° 1 : absorber le mouvement de terrain

Si vous ne faites rien, vous êtes sûr de décoller car il y a une « rampe de lancement ». Imaginez que vous lancez un ballon, celui-ci décollera au point de rupture, c'est-à-dire en haut de la bosse.

Pour éviter de faire décoller la roue avant, il faut absorber cette rampe. Cette absorption se réalise avec vos bras.

La phase 1, au moment où la roue avant monte sur la bosse, vos bras sont souples et se fléchissent pour laisser monter la roue avant.

La phase 2 consiste à faire la même chose pour la roue arrière : vos jambes se fléchissent pour éviter que la roue arrière soit comprimée dans l'appel de la bosse et qu'elle décolle ensuite…

La phase 3 permet d'optimiser le geste en plaquant la roue avant dans la descente de la bosse. On appelle cela un mouvement de pompage* : il s'effectue en poussant le guidon vers le bas et l'avant.

Si vous le réalisez bien, ça accélère sévère !

Règle n° 2 : anticiper le mouvement de terrain

En arrivant vite sur la bosse, vous manquerez de temps pour réaliser les trois phases. Dans ce cas, il est nécessaire d'anticiper la gestuelle, notamment la phase 1. Et comment anticiper la montée de la roue avant sur la bosse ? En provoquant, avant la bosse, le décollage de votre roue grâce à un cabrage ! Ce geste s'appelle un cabrer-enrouler*. L'objectif est de poser la roue avant juste au sommet de la bosse. La suite du geste est identique à partir de la phase 2 : vous laissez remonter vos jambes sous vos fesses pour absorber avec la roue arrière, et surtout, vous repoussez violemment votre guidon dès le début de la descente. Ce pompage, par l'extension des bras, doit être très dynamique pour faire coller la roue avant au sol et provoquer une accélération. Sur une bosse haute, le mouvement des bras s'enchaîne très rapidement et avec beaucoup d'amplitude (comme ci-dessous).

Attention, à la différence du cabrage présenté page 90, la levée de roue avant se fait en fléchissant les bras. Pourquoi ? Parce que juste après il faut faire une extension très vive des bras pour faire coller la roue avant dans la descente. C'est donc un geste de flexion/extension.

L'objectif lorsque vous passez sur une bosse simple est que votre équilibre soit le moins perturbé possible : tout déplacement vertical vous fait perdre de la vitesse, comme ici où le pilote reste raide.

Ici, les épaules restent au même niveau, la bosse est absorbée correctement, ce qui fait que la vitesse est conservée

Plonger dans la pente

En roulant vite, vous allez rencontrer des ruptures de pente qui, si vous ne les négociez pas correctement, vont vous faire décoller, avec parfois de mauvaises surprises derrière...

Règle n° 1 : décoller, c'est risquer

Une cassure n'est pas toujours propice au saut. La réception derrière est souvent « à plat » ou elle est suivie d'un virage, d'un obstacle... Nous ne sommes pas sur une piste de ski avec un champ très large qui permet de faire un « vol de fou »... Pour sauter, vous trouverez des conseils pages 134 à 137.
Bien piloter exige au contraire de garder le plus possible les roues en contact avec le sol, et ce, pour plusieurs raisons :

- changer de trajectoire ;
- freiner ;
- gagner de la vitesse ;
- provoquer des pressions ou des allégements.

Règle n° 2 : gommer la cassure

De la même manière que pour enrouler une bosse (cf. page 104), on ne va pas chercher à décoller. C'est une question de sécurité. Il faut donc éviter que les roues ne subissent la rupture de pente.
Pour la roue avant, anticipez le point de rupture avec la même technique que pour le cabrer-enrouler* : un cabrage ! [1]
Quand la roue arrière arrive à la cassure, il faut elle aussi qu'elle l'anticipe, en décollant avant le point de rupture. Ce geste est donc un *bunny-up* puisque la roue avant n'est pas encore reposée, comme s'il fallait franchir un rondin placé au point de rupture [2].
Ce *bunny-up* doit vous faire plonger dans la pente. L'objectif est de reposer la roue avant au tout début de la cassure [3].
Pensez à bien engager vos épaules dans la pente (vers le bas). La sensation sera vraiment de plonger dans la descente. C'est énorme !

Vos épaules doivent absolument être placées sur l'avant afin de continuer à piloter. Sinon, avec l'accélération, vous allez vous faire emporter par votre vélo… et ne rien contrôler !

La trajectoire est obligatoirement en forme de cloche (haute et courte, comme la flèche jaune). Entraînez-vous en plaçant un rondin en haut de la cassure et sautez-le en *bunny-up*, en cherchant à réceptionner juste derrière.
La réception au tout début de la descente va vous faire accélérer de manière importante. Vous pourrez même utiliser la technique du pompage*, comme lorsque vous enroulez une bosse simple.
Se servir des obstacles pour prendre de la vitesse fera de vous un vrai pilote…

Attention, si vous déclenchez le *bunny-up* trop tard, vous allez sauter la cassure et réceptionner en bas (flèche rouge) ET sur la roue avant. La fourche télescopique devrait faire son travail, mais méfiance !
Si votre *bunny-up* n'est pas en cloche mais en longueur (flèche noire), vous allez sauter la cassure et vous réceptionner sur le plat. Ce sera douloureux pour votre dos et pour vos bras. Les réceptions « à plat » se font normalement sur la roue arrière !
Si vous voulez sauter, c'est une autre technique (voir page 134).

Monter une butte

Même si les buttes font partie des montées, vous allez bientôt aimer ce type d'obstacle.

Règle n° 1 : à donf !

Avant une butte, il faut prendre un maximum de vitesse. Comme avant toute montée me direz-vous... Oui mais là encore plus que d'habitude ! Pourquoi ? Parce que...

Règle n° 2 : on ne pédale pas dans la butte !

Ce qui fait que vous allez aimer les buttes, c'est qu'il n'y a pas besoin de pédaler pour les franchir.
Car vous savez que le pédalage rend la roue motrice. Il vous donne de l'adhérence, comme en voiture lorsque vous accélérez dans un virage... Or ici on ne veut pas trouver d'adhérence, mais au contraire se faire plus léger pour franchir cette courte montée avec facilité.
L'allégement n'est donc pas compatible avec le pédalage. La butte devient un obstacle (comme le pierrier, les racines...) que l'on franchit en deux phases : une compression avant la butte et une extension sur l'obstacle.

Compression avant la butte.

Extension sur la butte, sans pédaler.

La tentation de pédaler est importante car vous êtes dans une montée, mais n'oubliez pas que dans ce cas, vous empêchez votre vélo de s'alléger. Pire, si la butte est parsemée de racines, vous risquez de glisser dessus.

À éviter !

Règle n° 3 : anticiper la butte

Vous pouvez aussi anticiper la montée pour que votre roue avant ne « tape » pas dans la butte. Pour cela, lancez un cabrage juste avant la butte, comme pour le cabrer-enrouler* page 105.

Cela évite d'être ralenti dès le début de la montée, surtout si celle-ci est longue. En conservant de la vitesse, vous franchirez d'autant mieux les obstacles qui peuvent se trouver dans la butte...

Si la butte est parsemée de racines ou de cailloux, choisissez bien votre trajectoire et réservez votre allégement pour le bon endroit (là où se trouvent les obstacles). Le cabrage avant la butte pourrait être une erreur, car il vous empêcherait de faire un (second) allégement sur les obstacles qui suivent.

Il faudrait s'alléger sur la racine. Ici la roue arrière tape l'obstacle, ce qui ralentit la progression.

Règle n° 4 : reprenez le pédalage en haut seulement

Le pédalage se reprend uniquement en haut de la butte, pour accélérer de nouveau. Pour les longues buttes, le principe doit rester le même : vous vous allégez au début pour ne pas « taper dans la montée » et conserver un maximum de vitesse puis, dès que votre allure est faible, vous appuyez de nouveau sur les pédales. Avec cette technique et beaucoup de vitesse prise en amont, vous pouvez franchir des buttes impressionnantes de plusieurs mètres de haut. Alors, mettez les gaz...

Les *singletracks*

Le singletrack est un chemin monotrace : le rêve pour un vététiste ! Quand il y a tout juste la largeur du guidon et celle des pédales, l'adrénaline monte, comme lorsque vous roulez en voiture sur une route étroite bordée d'arbres. La sensation de vitesse est forte et l'impression de pilotage est démultipliée.

Règle n° 1 : une attention maximale

Comme les trajectoires sont très limitées, voire quasiment uniques (monotrace oblige), vous n'avez pas le droit à l'erreur : pas question de sortir de la trace, même de 30 cm, au risque de vous retrouver dans une situation très délicate ! Votre attention doit donc être au maximum : observez très loin devant pour savoir si la pente s'inverse ou plonge, si vous entrez dans la forêt où racines et feuilles mortes glissantes vous attendent...

Votre temps de réaction devra être le plus court possible pour éviter les cailloux, virer, s'alléger, etc. Votre position est donc obligatoirement fesses levées (pour bouger le plus vite possible) et doigts sur les freins.

Règle n° 2 : ne tournez pas le guidon

Dans les enfilades rapides, pas question de conduire votre vélo en tournant le guidon... Une simple inclinaison du vélo suffit à vous faire tourner.

Pour donner de l'angle au vélo voici les deux actions à réaliser :

1. Décalez le bassin du côté opposé, et les épaules du côté du virage.
2. Appuyez sur le guidon du côté du virage.

Règle n° 3 : compensez avec les pédales

L'appui sur la pédale extérieure compense l'inclinaison du vélo.

En mettant un peu plus d'appui sur la pédale extérieure lors de chaque virage, vous trouvez l'équilibre et l'accroche nécessaires pour suivre la trajectoire que vous avez prévue.

Cette augmentation d'appui se fait dans toutes les courbes, y compris les enfilades, avec des appuis très courts sur une pédale puis sur l'autre, sans aller jusqu'en bas.

On passe alternativement d'un appui prononcé sur la pédale gauche à un appui prononcé sur la pédale droite, et vice-versa...

On bouge ! Pas question d'être statique...

Entraînez-vous d'abord à obtenir de la souplesse au niveau de votre bassin et de vos épaules en roulant sur les bordures des trottoirs, sur des murets, des planches ou des rails tels que ceux ci-dessus. Ensuite, trouvez des lignes blanches sinueuses ou des trottoirs non linéaires pour piloter avec votre bassin et vos appuis pieds-mains.

Enfin, vous pourrez mettre cette technique en pratique dans des ornières. Mais attention, d'une part vous aurez moins le droit à l'erreur, car le rail est bordé par deux « murs » qui empêchent votre roue de sortir, et d'autre part vous devrez prendre garde à ce que vos pédales ne touchent pas le bord de l'ornière.

Sortir d'une ornière

Les ornières sont présentes dans de nombreux chemins, créées par le passage de véhicules à moteur ou par l'érosion des sols. Parfois considérées comme la hantise du vététiste, parfois source de bonheur (pour un goulet), il faut savoir les aborder.
Avant de vouloir s'en extraire, posons-nous d'abord la question de savoir pourquoi être « tombé dedans » ? Souvent ce n'est pas voulu, mais dans de nombreuses autres situations, l'ornière représente la meilleure trajectoire... Ce n'est pas pour rien que l'eau suit cette trace.
Comme souvent il faut ici observer le terrain très loin pour voir s'il est possible de rouler dans l'ornière et sur quoi celle-ci débouche avant de se laisser aller dedans. Si c'est OK, plongez...
Bien entendu, il faudra savoir en remonter. Voilà comment faire :

Règle n° 1 : trouver la sortie

L'ornière ci-dessous devient très pierreuse. Il est donc nécessaire de se sortir rapidement de ce piège...

Premièrement, regardez loin pour trouver le bon côté (gauche ou droite) en fonction de votre trajectoire prévue sur le chemin. Ensuite, il faut rechercher un endroit où la hauteur de la marche est plus faible.
Quand vous avez trouvé la zone la plus propice, il faut alors préparer votre sortie.
Ici aussi il est question de pression et d'allégement !
Vous devez monter une marche, qui plus est latéralement...
Pour la roue avant, si vous ne faites pas une bonne compression-extension, vous pourrez souvent compenser cette faute par une traction des bras. Mais pour la roue arrière, votre technique devra être adaptée !
Beaucoup de vététistes mettent pied à terre ou rippent au moment où la roue arrière doit sortir... Pourquoi ?
La réponse se trouve ci-après...

Comme l'ornière est profonde, les pieds doivent rester au même niveau. Pas question de pédaler ! Il faut chercher la sortie.

Règle n° 2 : extraire la roue avant

Comme un allégement de la roue avant s'impose, il va bien entendu falloir la comprimer juste avant. C'est l'avancement des épaules (bras fléchis) qui permet d'exercer une pression sur le pneu et la fourche. C'est ensuite en tirant sur le guidon et en reculant les épaules que la roue avant va se soulever. Vous devez orienter vos épaules dans la direction où vous voulez sortir et le cabrage se fera légèrement de côté. Pour aider ce décalage, tirez le guidon sur le côté lorsque la roue est soulevée.
Souvenez-vous que votre roue avant ira là où vous regardez !

La compression avant l'allégement. Le regard, les épaules et le guidon sont orientés.

Règle n° 3 : extraire la roue arrière

Maintenant c'est la roue arrière qu'il faut alléger. Pour cela, pas question de pédaler. C'est l'erreur la plus souvent commise. Les pieds restent donc au même niveau. Pour éviter de donner de l'adhérence au pneu arrière, (ce qui le ferait buter contre la marche), il faut avancer son corps, notamment le bassin. Et pour aider la roue arrière à passer, les jambes doivent être souples et se fléchir afin de laisser monter le vélo. Il n'est pas nécessaire de soulever la roue arrière : laissez-la rouler. C'est la roue avant qui vous guide. Si elle est passée et que vous êtes positionné sur l'avant, la roue arrière suivra... à condition de ne pas pédaler avant d'être entièrement sorti !

Le virage relevé

Voici le temps de prendre les courbes avec un maximum de vitesse et de découvrir la force centrifuge. Pour cela, vous trouverez des virages relevés sur des pistes de BMX ou des champs de bosses, mais aussi aux abords des chemins lorsque vous monterez sur un talus pour faire une belle courbe, ou dans un chemin en forme de goulet.

Règle n° 1 : lâchez les freins !

Ici, pas de problème d'adhérence. Vos roues ne glisseront pas vers l'extérieur du virage puisque celui-ci est relevé. La vitesse peut donc être supérieure à celle que vous auriez adoptée dans un virage à plat avec le même rayon de courbure. Vous pouvez passer en toute confiance sans freiner.

Règle n° 2 : prendre de l'angle...

Pour tourner sur un sol plat, vous savez qu'il est obligatoire d'incliner le vélo... Sans angle, pas de virage (sauf à vitesse très lente, comme en pédaler-freiner). Alors si le sol est lui-même incliné, il va falloir encore plus pencher le vélo, et vous avec... Ne vous inquiétez pas, ça ne glissera pas si vous vous penchez et que vous arrivez avec suffisamment de vitesse. En revanche, vous ne tiendrez jamais avec autant d'angle si vous n'avez pas de vitesse. Pour apprendre à vous incliner progressivement, abordez le même virage plusieurs fois, en augmentant d'abord l'angle, puis ensuite la vitesse d'approche. Pour vous aider à pencher, essayer de lever votre coude extérieur le plus haut possible. En faisant cela, vous lèverez forcément votre épaule extérieure et donc vous baisserez l'intérieure, ce qui vous donnera de l'angle. N'oubliez jamais de vous entraîner sur des virages à droite et des virages à gauche, sinon, vous ne saurez effectuer ce geste que d'un seul côté.

Avec trop peu de vitesse, vous n'allez pas vous pencher, et vous glisserez si vous restez tout droit dans un virage relevé !

Règle n° 3 : le regard, la tête, les épaules, le vélo...

Comme dans tout virage, mais encore plus ici compte tenu de la vitesse, regardez tout de suite la sortie de la courbe. D'une part, vous n'avez pas besoin de regarder devant votre roue puisque ça ne risque pas de glisser. D'autre part, l'orientation de votre tête oriente vos épaules et votre vélo va tourner plus serré, ce qui est capital dans les virages relevés puisque leur rayon de courbure est bien plus petit que sur le plat.

Règle n° 4 : engagez les épaules

Si le virage relevé est positionné dans un terrain pentu (ex : piste de descente), ou si vous montez haut dans un talus et redescendez par une belle trajectoire, vous devez obligatoirement engager vos épaules dans la pente, c'est-à-dire dans la descente. Si vous ne faites pas cela, votre vélo ne prendra pas d'angle et vous ne tournerez pas. Il faut accepter de plonger. Si cela provoque une forte accélération, ne freinez surtout pas tout de suite. Attendez d'être sorti du virage, sinon la roue avant va se bloquer et c'est la chute (comme sur la photo ci-dessus à droite)...

Règle n° 5 : s'écraser pour gagner de la vitesse

Le virage relevé fonctionne comme le creux d'une bosse que l'on enroule (mais sur un axe différent). En pompant dans le virage, vous allez gagner de la vitesse et sortir plus vite que vous n'y êtes entré.

Pour cela, il faut d'abord se comprimer dans la courbe, en s'écrasant, pour emmagasiner de l'énergie [1].

À la sortie du virage, il reste à se grandir au niveau des jambes et des bras, pour retransmettre l'énergie accumulée [2].

Si vous voulez pomper comme ici, vous devez placer vos pieds au même niveau. Dans un virage relevé, les manivelles restent à l'horizontale et vos appuis sont répartis à égalité sur chaque pédale.

Ancrer son vélo

Cette fois il n'y a pas d'adhérence dans la courbe. Le sol est plat, parfois même glissant, avec des graviers, de l'herbe, de la terre... et en plus vous roulez vite ! Ici, c'est grâce à votre position et à votre technique que vous allez trouver de l'adhérence et ancrer votre vélo pour tourner serré.

Règle n° 1 : surtout pas de frein

Bien plus que d'habitude, vous n'avez pas le droit de toucher au frein puisque vous êtes en terrain glissant. De plus, le freinage empêche le vélo de prendre de l'angle, or pour tourner serré avec de la vitesse, vous allez devoir sérieusement vous pencher.

Règle n° 2 : tout sur la pédale extérieure

Un peu comme pour le dévers, vous devez faire adhérer vos pneus sur le sol qui se dérobe. L'action principale consiste en un appui très fort sur la pédale extérieure. Si dans le dévers tout votre poids doit être reporté sur la pédale aval, il en est de même ici sur la pédale extérieure.
Pour apprendre à mettre tout son poids d'un côté, vous pouvez enlever le pied de la pédale intérieure. Attention, cela ne doit pas devenir une habitude car avec un seul pied, vous perdez un appui important, indispensable pour amortir un terrain chaotique, changer d'appui, ou reprendre le pédalage. C'est une faute de pilotage, mais néanmoins une bonne manière de se rassurer au début.

Le déport du bassin sur l'extérieur permet d'appuyer sur la pédale gauche du vélo.

Règle n° 3 : déhanchez-vous !

Pour bien mettre votre poids au-dessus de la pédale extérieure et en même temps orienter votre corps vers la sortie du virage, il est nécessaire de décaler les fesses bien au-delà de la selle, le plus possible à l'extérieur (comme ci-contre).

À éviter !

Le corps est dans le même axe que le vélo.

Règle n° 4 : écrasez-vous !

Pour trouver un maximum d'adhérence, vous devez exercer une pression sur les deux pneus. Cette pression est créée par un écrasement de votre corps, en fléchissant jambes et bras. Pour augmenter cette pression, vous pouvez faire un allégement juste avant. En vous grandissant en entrée de courbe, puis en étant « petit » dans la courbe, vous collerez votre vélo au sol. Regardez les bras et jambes sur la photo séquence ci-dessus !

Règle n° 5 : allez chercher les limites : elles sont loin !

Pour tourner, il faut incliner le vélo. Et si votre technique est bonne, vous verrez que la limite avant que vos roues « décrochent » est très loin. Vous pouvez prendre un angle très important, à condition toutefois d'avoir de la vitesse. C'est pour lutter contre la force centrifuge (proportionnelle au carré de votre vitesse ; $Fc = mv^2$) que vous devez obligatoirement vous pencher.

Règle n° 6 : engagez-vous... le reste suivra !

En début de courbe, il faut orienter vos épaules dans la direction à suivre. Ensuite, votre vélo et le reste de votre corps pivoteront autour de vos épaules. Pour cela, regardez très tôt là où vous voulez aller (la sortie de la courbe), quitte à exagérer la rotation des épaules.

Observez ces trois photos successives : les épaules sont orientées dès le début et c'est le bassin qui pivote autour des épaules, emmenant avec lui le vélo dans la courbe.

Entraînez-vous dans un champ en enchaînant des courbes des deux côtés de plus en plus vite et de plus en plus penché. Dans un champ sans danger, vous n'aurez ainsi pas peur de prendre de l'angle et de ne pas toucher au frein.

Le virage glissé

Le dérapage est souvent une erreur de pilotage car il fait perdre de l'adhérence et parfois du temps. Ce n'est pas non plus pour freiner que l'on dérape ! Mais la glissade a néanmoins une utilité : faire pivoter la roue arrière, ce qui oriente le vélo. On est ici dans le pilotage, puisque l'on recherche à mieux négocier des courbes. Oui mais attention : pas n'importe lesquelles ! D'autant plus qu'il ne faut pas abuser des dérapages, car si nous sommes plusieurs milliers à déraper au même endroit, une trace va apparaître. Aussi, il est proscrit de déraper sur certaines zones fragiles ou lorsque le terrain est très humide. Vos pneus laisseraient des marques, de la même manière que les pneus de tracteur créent des ornières énormes les jours de pluie ! Évitons cela...

Règle n° 1 : attaquer !

Pour glisser suffisamment longtemps, il faut réunir deux conditions :

• arriver vite pour avoir le temps de franchir le passage en glissade, entièrement ou en partie ;

• placer ses épaules en avant, ce qui allège la roue arrière et lui permet de glisser, puisqu'elle adhère moins.

Règle n° 2 : contrôler...

L'important est de bien contrôler la glissade, sinon vous mettrez vite un pied par terre ou vous glisserez jusqu'à être complètement arrêté dans le virage. Or ça n'est pas un pilotage efficace, sauf pour trouver des champignons ! Voici quelques conseils pour bien contrôler vos dérapages :

• observez bien la sortie de la courbe où vous voulez aller. Ne regardez surtout pas votre roue arrière pour voir comment elle glisse... ;

• ne freinez surtout pas du frein avant et laissez votre roue avant vous guider ;

• restez souple sur vos bras et surtout sur vos jambes pour amortir éventuellement les mouvements de terrain ;

• contrôlez la glissade en mettant plus ou moins de pression sur votre pédale extérieure : quand vous appuierez fort, le « grip » reprendra...

Règle n° 3 : ne pas trop en faire !

Gardez le pied sur la pédale intérieure (ici le gauche) et préparez-vous à pédaler...

Si vous n'arrêtez pas le dérapage de vous-même, il y a toutes les chances pour qu'il dure trop longtemps et que ce soit lui qui vous arrête. Pour reprendre de l'accroche et éviter soit le survirage (tête à queue), soit de sortir trop lentement de la courbe, je vous conseille de pédaler le plus tôt possible.

Attention au braquet avec lequel vous arriverez dans la courbe. Choisissez une vitesse pour relancer, sinon vous allez pédaler dans la semoule ou « tirer trop gros » pour repartir.

Le conseil du pro : n'oubliez pas que le dérapage doit rester exceptionnel ! Choisissez bien les terrains sur lesquels vous voulez glisser et évitez les zones fragiles.

Ne sortez pas le pied intérieur si vous voulez relancer et ainsi retrouver de l'accroche. Réservez cela aux terrains très glissants, (pour plus d'assurance) ou alors comme point de rotation dans des virages en épingle.

Ne regardez jamais votre roue arrière, sinon vous empêcheriez votre vélo de tourner, puisque vous lui demandez d'aller dans un sens alors que vos épaules vont dans l'autre sens. Le regard doit toujours viser la sortie de la courbe.

L'appel - contre-appel

Si vous abordez des courbes serrées avec une vitesse élevée, le dérapage est souvent le seul moyen d'orienter votre vélo. Et lorsque le virage est en épingle et sur un chemin étroit, il faut accentuer ce dérapage pour faire pivoter le vélo... On va donc lancer le vélo d'un côté (c'est l'appel) pour le faire revenir dans l'autre sens (le contre-appel) avec une vitesse plus importante.

Pour réaliser ce geste, vous devez bien maîtriser le virage glissé vu précédemment, et surtout bien conserver les deux pieds sur les pédales lorsque vous dérapez. Ensuite, comme pour tout dérapage, mais encore plus pour celui-ci qui dure plus longtemps, il vous faut de la vitesse pour avoir le temps de glisser d'un côté à l'autre.

Règle n° 1 : bien observer le terrain

Comme les roues doivent glisser, il faut s'assurer que le terrain y est favorable. Soyez à l'affût des racines, rochers, ornières (...) qui pourraient vous bloquer pendant la glissade, d'autant plus que la roue arrière balaye une zone importante à gauche comme à droite. Regardez bien loin pour prendre ces infos, puis une fois le dérapage commencé, fixez tout de suite la sortie de l'épingle pour orienter vos épaules et faire pivoter votre vélo autour.

Règle n° 2 : jouer du bassin...

Voici la trajectoire que doit suivre votre roue arrière. Pour qu'elle y arrive, vous allez guider l'arrière du vélo avec votre bassin, en l'orientant d'un côté puis de l'autre.
Pour l'appel (1), vos pieds restent au même niveau (horizontal) car l'enchaînement avec le contre-appel (2) va être très rapide. En revanche, pour la seconde phase, placez votre pied extérieur en bas puisque la courbe est complète et termine le geste. Entraînez-vous sur un chemin large pour améliorer la mobilité de votre bassin.

Règle n° 3 : relancer pour ne pas poser pied à terre

Si vous ne reprenez pas rapidement le pédalage, ce dérapage est tellement long qu'il vous fera perdre toute votre vitesse et vous mettrez pied à terre. Pour éviter cela, pédalez dès que vous êtes orienté.

Voici le scénario pour un virage à droite

J'arrive vite. J'observe le terrain pour être sûr que je puisse faire glisser la roue arrière à droite puis à gauche.

Je bloque la roue arrière en orientant mon guidon à gauche (opposé du virage), pour lancer la roue arrière dans un dérapage opposé.

Pour augmenter cet appel, je balance mon bassin du côté droit, mais mon regard (et donc mes épaules) s'oriente vers la courbe à droite.

Mes pieds restent à l'horizontale et je vais bientôt changer d'appui...

Mes épaules sont vraiment orientées dans le virage.
Je vais ramener le reste de mon corps et donc mon vélo dans cette même direction.
Pour faciliter la « glissade », je m'avance sur mon vélo en fléchissant les bras.

Le contre-appel commence, et là, je place mon pied extérieur en bas pour prendre appui et contrôler éventuellement le dérapage.

Je reste sur l'avant pour faire glisser la roue arrière.

Je regarde la suite du chemin (après la courbe) et je reprends le pédalage le plus tôt possible pour ne pas me « bloquer » dans la courbe et pour retrouver de l'accroche...

Attention à votre braquet : il est souvent trop petit, ce qui fait que vous pédalez dans le vide lors de la relance...

Les techniques étudiées ci-après ne sont pas indispensables pour bien piloter. Néanmoins, elles sont juste très fortement conseillées, car elles vous apporteront d'une part de la satisfaction, et d'autre part des habiletés qui vous serviront dans de nombreux gestes vus auparavant.

Les acrobaties

Lever de roue arrière

Certes le pilotage oblige rarement à soulever autant la roue arrière, néanmoins, comme le *wheeling**, ce geste vous permettra de mieux maîtriser votre vélo. Les réflexes que vous allez apprendre vous serviront pour d'autres situations (freinage appuyé, position sur l'avant...). C'est ce que l'on appelle le transfert d'habiletés.
Ce geste permet surtout de mieux appréhender « l'espace avant » de votre vélo et vous n'aurez ainsi plus peur lorsque votre roue arrière se soulèvera légèrement, car vous saurez vous situer par rapport au point d'équilibre.

Règle n° 1 : pas besoin de vitesse

Ce geste se réalise à faible vitesse. C'est votre technique qui fait lever la roue arrière, et non pas un coup de frein sec en roulant vite. Cela est encore plus vrai au début, puisque vous découvrez un nouvel espace impressionnant. Entraînez-vous dans l'herbe avec une vitesse moyenne de 6 à 10 km/h.

Règle n° 2 : le frein pour décoller

Contrairement aux techniques précédentes faisant lever la (ou les) roue(s), il n'est pas ici question de compression/extension. Dans ce geste, c'est le frein avant qui est utilisé pour bloquer le vélo et le faire pivoter autour de la roue avant. Il faut donc freiner suffisamment fort pour que votre roue avant s'arrête de manière nette. Bloquez également le frein arrière lorsque la roue est levée. Cela permettra une réception plus douce et vous évitera aussi de reculer.

Règle n° 3 : subir la projection

Dans tous les freinages vous êtes inévitablement projeté vers l'avant. Sauf que d'habitude vous résistez à cette projection. Ici, lorsque le vélo se bloque, il faut accepter de pivoter autour de la roue avant. Pour aider à la rotation, gardez vos bras bien tendus pour ne pas vous écraser et donnez une petite impulsion avec les jambes. Vos épaules doivent arriver à l'aplomb du guidon. Pour que la roue arrière monte ensuite plus haut, fléchissez les jambes pour laisser monter la selle sous vos fesses...

Les conseils du pro : pour vous entraîner, faites-vous aider par un (ou une) ami(e) qui se positionne devant et vous retient en cas de projection non maîtrisée. Cette personne sert en plus de point de repère pour avancer vos épaules et pour savoir à quelle hauteur votre roue s'est levée. L'objectif est d'aller toucher son casque avec le vôtre ! Vous pouvez aussi essayer tout seul contre un arbre ou un mur : il est alors obligatoire d'être précis pour ne pas abîmer votre casque !

Règle n° 4 : et si ça va trop loin ?

Observez la hauteur de la roue arrière lorsque l'on est au point d'équilibre (photo 2). Vous avez de la marge, mais si vous progressez vite et que vous dépassez cette limite, pas de panique ! Il vous reste trois possibilités :

- relâcher le frein avant : le vélo avancera et la roue arrière retombera ;
- déplacer vos fesses vers l'arrière, ce qui ramènera votre centre de gravité (flèche rouge) en arrière de l'axe de la roue avant (ligne jaune) ;
- parfois, aucune des deux techniques ci-dessus ne suffit car vous êtes allé trop vite et trop loin. Il faut alors s'éjecter du vélo.

Cette technique est très facile, à condition de l'avoir déjà réalisée volontairement. Je vous conseille de la découvrir par vous-même dans l'herbe. Ce n'est pas plus difficile que jouer à « saute-mouton »… Attendez simplement d'être au point d'équilibre avant de lâcher le vélo.

Ensuite, vous pourrez même pédaler avec la roue arrière levée et ainsi compter le nombre de tours de pédalier. C'est un bon exercice pour savoir si votre roue était haute : trois tours de pédalier c'est très bien ! Pensez simplement à freiner avant la réception. Vous pourrez surtout utiliser le lever de roue arrière pour faire des pivots sur la roue avant : rotations de 90°, puis 180°…
Quand la roue est suffisamment levée, appuyez sur le guidon du côté où vous voulez faire tourner la roue arrière. Ce déséquilibre vous fera pivoter au niveau de la direction. Pour augmenter la rotation, amorcez un virage dans le sens contraire avant de freiner. Vous serez ainsi déjà orienté pour la réception.

Le *wheeling*

Voici une des techniques les plus sympas à maîtriser. Elle est impressionnante, autant pour vous que pour les passants, mais l'objectif de ce livre n'est pas de vous apprendre des choses qui ne servent à rien ! Et le *wheeling* n'est pas de celles-là. En le travaillant, vous allez progresser dans beaucoup d'autres techniques... C'est encore cela le transfert des habiletés !

Règle n° 1 : quel braquet ?

Contrairement à ce que beaucoup pensent, il n'est pas nécessaire d'utiliser un tout petit braquet* pour faire lever la roue avant en pédalant (c'est la définition d'un *wheeling*). Le choix du braquet n'est pas capital dans le lever de roue. La preuve : vous y arrivez déjà sans pédaler (c'est le cabrage*, différent du *wheeling* par le fait que l'on ne pédale pas). Pour vous entraîner, je vous conseille d'évoluer sur le plat avec un braquet moyen (plateau intermédiaire et grand pignon). Pour la suite, sachez que vous devrez utiliser un braquet en adéquation avec votre allure : si vous voulez faire un *wheeling* en montée, vous choisirez le petit plateau avec des grands pignons, et à l'inverse, en descente, le grand plateau...

Règle N° 2 : pédaler quand il le faut...

Pédaler est une aide pour lever la roue avant. Il faut surtout coordonner l'extension du buste (lancer les épaules en arrière) avec un pédalage dynamique du pied faible. Le pédalage permet aussi de continuer à rouler sur la roue arrière, même avec une faible vitesse de départ. C'est encore une différence entre le cabrage où la roue avant retombe rapidement, et le *wheeling* où l'on peut rouler indéfiniment sur la roue arrière !

Ici, le pied fort* de la pilote est le pied gauche. Elle se prépare à appuyer sur la pédale avec le pied faible* et à tirer le guidon en même temps.

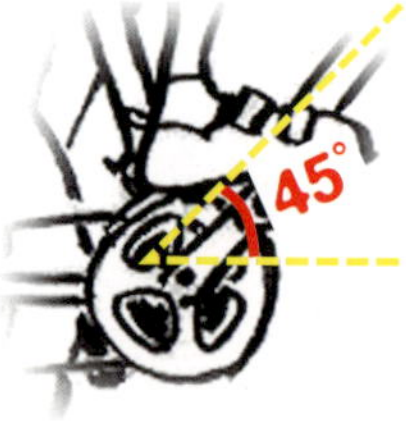

Pour utiliser le maximum de votre force, lancez le *wheeling* lorsque la manivelle arrive à 45°, en ayant auparavant placé vos épaules en avant (compression), comme sur la photo ci-dessus, prêtes à partir en arrière (extension) au moment où vous appuyez fort avec le pied faible.

Règle n° 3 : compression... extension

Le *wheeling* est un geste en deux phases :

1. La compression de la roue avant : observez comment les épaules sont avancées. Plus elles le sont, plus la suite est facile... Attention, il faut amener ses épaules au-dessus du guidon juste avant que votre pied faible* arrive à 45°.

2. L'extension vers l'arrière : pour alléger la roue avant et donc la faire monter, vous devez envoyer vos épaules loin en arrière. Pour vérifier qu'elles sont en arrière et que votre dos est droit, regardez vos bras : ils doivent être tendus.

Pour ne plus avoir peur de chuter en arrière et tomber sur les fesses, entraînez-vous à aller trop loin et à poser les pieds derrière. Cela vous donnera d'une part plus d'assurance sur ce qui peut arriver, et d'autre part, vous vous entraînerez à lancer vos épaules très en arrière...

Ensuite, c'est grâce au frein arrière que vous n'irez plus trop loin. En mettant un petit coup de frein arrière, vous allez retomber immédiatement. Soyez néanmoins souple avec le levier.

Et pour diminuer votre temps de réaction, lancez le *wheeling* avec l'index droit déjà sur le levier de frein.

Le wheeling s'apprend avec les fesses sur la selle. Plus tard, vous le lancerez « debout » pour certains franchissements. Mais lancez le toujours avec votre pied faible. Il sera ainsi plus facile d'enchaîner le pédalage avec votre pied fort* ou d'arrêter de pédaler pour franchir un obstacle avec le pied fort en avant (position de base).*

Lever la roue avant en tirant sur les bras : vous vous en apercevrez en regardant vos bras. Ils doivent être tendus et non pas fléchis. Vos épaules doivent être loin derrière.

Faire un *wheeling* avec le regar par terre : en regardant au sol, votre tête est orientée vers le bas, vos épaules aussi et donc votre dos est rond.
Il faut regarder au loin pour avo la tête et le dos bien redressés

À présent, vous arrivez à lever votre roue avant jusqu'au point d'équilibre, c'est-à-dire avec les épaules légèrement derrière l'axe de la roue arrière.

Regardez comme le dos est droit lorsque les bras sont tendus.

Remarque : le *wheeling* est plus facile à réaliser avec la selle en position haute car vous êtes positionné plus haut et donc plus en arrière.

Maintenant, vous pouvez effectuer des *wheeling* chaque fois que vous croisez une flaque d'eau... Il faut s'entraîner à tout moment ! L'apprentissage de cette technique est assez long, mais sa maîtrise est tellement jouissive... que vous n'arrêterez plus les roues arrière une fois que vous saurez faire.

Le perfectionnement du *wheeling*

Vous roulez quelques mètres sur la roue arrière, mais de là à traverser le terrain de foot du village en *wheeling* il y a un pas immense... Pas forcément ! Dès le début, il faut comprendre ce qui va vous permettre de vous équilibrer pour rouler longtemps sur la roue arrière. Voici les règles indispensables :

Règle n° 4 : l'équilibre antéro-postérieur

Pour gérer l'équilibre d'avant en arrière, deux actions s'offrent à vous :

• si vous n'êtes pas assez en arrière, accélérez le pédalage et tirer sur le guidon. Si le sol est irrégulier, vous devrez également faire cela au moment de rouler sur une petite bosse, car sinon elle vous fera retomber ;

• si vous êtes trop en arrière, freinez très légèrement du frein arrière pour faire retomber la roue avant.

Trop en arrière :
dosez très finement le coup de frein pour ne pas retomber entièrement. Vous pouvez même faire du pédaler-freiner en *wheeling*, c'est-à-dire pédaler tout en léchant le frein arrière.

Règle n° 5 : l'équilibre latéral

Pour gérer les déséquilibres de gauche à droite, vous n'avez pas cinquante solutions. En effet, tourner le guidon ne marche plus et écarter les genoux, pas vraiment... !
La conduite du *wheeling* est la même que lorsque vous roulez sans les mains : vous dirigez votre vélo en lui donnant de l'angle (comme pour rouler sur les *singletracks*, cf. page 110). Cette inclinaison à droite ou à gauche vous permet de rattraper les déséquilibres et ainsi de rouler droit...
Pour incliner le vélo, vous devez utiliser votre bassin et l'appui selle. Pour vous en persuader et vous entraîner, essayez désormais de faire des virages en *wheeling* (des deux côtés bien sûr !). Vous verrez que c'est votre bassin qui, en se déhanchant, va donner l'inclinaison nécessaire au vélo pour qu'il s'oriente dans la direction que vous avez décidée. Cela n'est pas naturel pour le moment, car votre bassin n'est pas suffisamment disponible pour bouger ! Comme pour tout nouvel apprentissage, vous êtes un peu trop crispé. De ce fait, vos articulations sont bloquées et il ne vous est pas possible de vous déhancher car vous êtes raide comme un piquet. Il faut donc apprendre à vous détendre. Pour cela, imaginez-vous « assis de tout votre poids sur la selle », comme si vous étiez dans un fauteuil. Vous devez vous relâcher sur la selle et ne plus forcer sur vos pédales.

Dès que vous aurez automatisé cela, votre bassin sera disponible pour bouger de gauche à droite et vous roulerez longtemps !
Ensuite, vous pourrez vous entraîner à lancer le *wheeling* sans l'appui selle, puis à continuer de pédaler sans être assis. Ce *wheeling* vous permettra de descendre des marches sur la roue arrière. Pour l'équilibre latéral, vous le gérerez ici en inclinant le vélo avec vos appuis pieds et mains.

Le *nose-wheeling*

Si vous savez rouler en *wheeling* sur la roue arrière, le prochain défi est maintenant de rouler sur la roue avant, d'où le nom de *nose-wheeling*. Cette technique est un peu plus « fine » que la première et, surtout, les terrains d'entraînement plus rares. Il vous faudra trouver un terrain pentu assez lisse et régulier. L'herbe vous aidera psychologiquement à vous engager sur l'avant, puisque la difficulté de ce geste est presque uniquement dans la tête. Mais n'ayez crainte, les chutes sont très rares car il est très facile de revenir sur deux roues...

Phase 1

Abordez la pente avec une vitesse moyenne : 5 à 15 km/h. La vitesse ne vous aidera pas particulièrement, notamment pour « sentir » l'équilibre et ajuster vos mouvements.

Vous réaliserez ce geste à vive allure quand vous maîtriserez la position.

Phase 2

Pour aider la roue arrière à se lever, déplacez légèrement vos fesses vers l'arrière pour comprimer la roue.

Cette phase ainsi que la suivante sont similaires à la levée de roue arrière (endo) vue à la page 124.

Phase 3

Pour lever la roue arrière, vous devez freiner de manière sèche tout en laissant monter la roue arrière sous vos fesses (en fléchissant les jambes) et en vous laissant projeter vers l'avant, jusqu'à avoir les épaules au-dessus du guidon.

Vos bras doivent rester bien tendus pour ne pas vous écraser sur le guidon.

Phase 4

Gardez la pression sur le levier de frein avant et lécher* le frein constamment. Comme vous êtes dans une descente, cela évite de prendre trop de vitesse et surtout, si votre roue arrière retombe, une pression légèrement plus forte sur le levier de frein vous « ramène » vers l'avant. Le bon dosage par rapport à votre vitesse et à la pente viendra avec l'expérience.

Phase 5

Rouler longtemps sur la roue avant vous demandera quelques séances d'entraînement.

Pour vous aider à tenir, vous devez :

1. être disponible, c'est-à-dire détendu, comme pour tout exercice d'équilibre sur une roue, afin de bouger pour modifier votre équilibre à tout moment ;
2. jouer avec le frein avant pour corriger l'inclinaison du vélo :
– en relâchant le frein, la roue arrière retombe ;
– en augmentant la pression sur le frein, la roue arrière remonte ;
3. laissez vos jambes se fléchir ou se détendre en fonction de l'inclinaison du vélo.

Entraînez-vous sur une descente courte de quelques mètres pour limiter votre appréhension, mais choisissez une pente suffisamment forte, car vous vous placerez plus facilement dans la bonne position, au-dessus du guidon.

Pas de risque

Si ce geste est impressionnant car vous pensez à la chute en contrebas de la descente, sachez que pour tout déséquilibre avant, il suffit de lâcher le frein avant pour que la roue arrière retombe immédiatement. Le seul risque de passer par devant serait de bloquer d'un coup sec le frein avant ou de bloquer la roue avant contre un caillou ou dans un trou.

Le *manual*

Mieux que le cabrage*, il y a le *manual* : c'est un cabrage qui dure, qui dure, qui dure, parfois très longtemps pour les meilleurs pilotes. Ce geste n'est pas d'une grande utilité sur plusieurs dizaines de mètres. En revanche, sur quelques mètres, le *manual* peut vous servir à franchir des rigoles ou des mouvements de terrain dès que votre vitesse est importante et que le sol est irrégulier...

Règle n° 1 : un zeste de cabrage

Le lancement du *manual* se fait comme le cabrage (page 90). Pensez à comprimer la fourche et le pneu avant en phase 1 pour faciliter ensuite la levée de la roue avant...

La phase 2 est identique à celle du cabrage, avec le lancement des épaules vers l'arrière. Regardez vos bras : ils doivent être tendus.
Pour favoriser la levée de la roue, lancez les pieds vers l'avant. Cela aidera le vélo à pivoter autour de l'axe de la roue arrière.
Pour maintenir longtemps la phase 3, c'est là toute la magie du geste...

Règle n° 2 : trouver l'équilibre

Pour tenir longtemps dans cette position, il faut forcément ne pas être loin du point d'équilibre, même si l'on ne peut jamais vraiment y rester. Sachez que votre corps doit contrebalancer le vélo, comme sur la photo de droite. Pour cela, vous devez être bas sur le vélo :

- les jambes sont fléchies ;
- les fesses sont basses et très en arrière ;
- le regard porte loin...

... comme si vous rouliez dans un sous-sol avec un plafond de 1 m 80.

Règle n° 3 : un travail de jambes !

Il reste maintenant à tenir dans cette position, donc à rattraper les déséquilibres d'avant en arrière. Pour cela vous avez deux possibilités :

- le vélo tombe en avant : vous poussez sur les jambes pour faire pivoter le vélo, et l'avant remonte ;
- le vélo va trop loin derrière : vous laissez revenir la roue arrière sous vos fesses, et éventuellement vous léchez légèrement le frein arrière.

C'est surtout la souplesse de vos jambes qui importe. Il est donc proscrit de partir jambes tendues pour le *manual*, sinon les articulations de vos genoux seront bloquées et vous ne pourrez rien faire !

Pour l'équilibre latéral, le principe est le même que pour le *wheeling**, les *singletracks** ou le vélo sans les mains : vous devez donner légèrement de l'angle au vélo. Sauf que là vous n'avez que les pédales et les poignées pour exercer vos pressions d'un côté ou de l'autre...

Un conseil : n'y pensez pas, ça va venir avec l'entraînement !

Comme ce geste demande beaucoup de souplesse, il n'est pas possible de le réaliser tant que vous n'êtes pas à l'aise sur le cabrage ou le *wheeling* debout (non assis sur la selle). Prenez patience...

Pour vous entraîner, voici quelques exercices

1. N'effectuez pas vos *manuals* que sur des terrains lisses comme des parkings. Au contraire, rouler sur un terrain légèrement bosselé vous entraînera à une plus grande souplesse de jambes, même si cela est plus difficile.
2. Allez rouler sur une piste de BMX et essayez d'avaler* une bosse double : laissez monter la roue avant avec la première bosse d'appel et roulez en *manual* pour aller poser la roue avant sur le sommet de la seconde bosse. Cette technique est relativement naturelle et vous ferez ainsi travailler la souplesse de vos jambes...
3. Faites des demi-tours en cabrage dans la montée d'une bosse ou d'un quarter sur un skate park : lancez le *manual* en haut de votre trajectoire et essayez d'aller le plus loin possible dans la descente en *manual*...

Regarder par terre. Fléchir les bras. Conserver les jambes tendues.

Les sauts

Celui qui veut piloter doit un jour ou l'autre sauter. C'est tout naturel lorsque l'on roule sur deux roues contrairement à d'autres véhicules où il est dur d'agir sur l'équilibre vertical.
S'il existe une force qui nous attire vers le sol, il existe aussi chez beaucoup d'entre nous un blocage psychologique qui nous empêche de quitter le plancher des vaches. Comme pour tout, c'est en pratiquant que l'aisance et la confiance viendront.

Commencez sur des obstacles à votre niveau...

Tout le monde peut y arriver sans risque en choisissant des sauts à son niveau et en évoluant progressivement...
Des zones d'initiation existent ici ou là. Renseignez-vous et n'ayez pas peur de vous lancer, même si de bons pilotes vous impressionnent. Eux aussi ont débuté sur des sauts minuscules !
Pour vous entraîner, équipez-vous de protections : outre le casque et les gants, choisissez une paire de genouillères/protège-tibias et une paire de coudières. Un casque intégral (avec une mentonnière) vous apportera encore plus de sécurité...
Il existe différentes techniques de sauts car il y a différents types d'obstacles à sauter. Oublions le saut simultané et le *bunny-up* dont le décollage des roues n'est pas provoqué par le terrain mais par le pilote. Retenons deux types de sauts :

- la marche en descente (cassure haute et verticale) comme les nombreuses passerelles qui sont construites sur les zones techniques VTT ;
- la bosse, où il y a une rampe de lancement (nommée appel ou kick) qui vous projette en l'air. Il faut ensuite une zone de réception. Celle-ci peut être plus basse (on appelle la bosse un *step down*), plus haute (un *step up*) ou au même niveau. Dans ce cas, soit la réception se trouve dans la descente d'une autre bosse (c'est alors une double bosse : il y a un trou entre les deux et le saut est obligatoire), soit il est possible de « rouler » entre l'appel et la réception et on parle de table (c'est la bosse idéale pour apprendre à sauter).

Le drop (ou saut de marche, de passerelle...)

C'est le saut le plus facile pour commencer car vous trouverez des marches de hauteur croissante, pour tous les niveaux. La technique est assez simple : vous devez éviter que la roue avant « tombe », en tirant légèrement sur le guidon, et vous concentrer sur la réception, en étant « grand » (jambes tendues) pour amortir. Attention : ne freinez surtout pas dès que vous roulez sur la passerelle ! Vous pourriez glisser, ou basculer vers le bas au moment de décoller (car le frein arrière fait pivoter le vélo vers le bas).

La difficulté du drop vient plutôt de la vitesse d'approche :

- très rapide, vous risquez de réceptionner très loin et très bas, sur une zone éventuellement plate (ce qui est proscrit) et avec une vitesse exigeant une tonicité importante pour ne pas vous écraser ;
- très lentement : si vous ne faites rien, la roue avant plongera immédiatement et le pédalier se plantera dans la marche ou vous réceptionnerez sur la roue avant. Pour sauter avec peu de vitesse, vous devez accentuer l'allègement de la roue avant lorsqu'elle arrive au bout de la marche. C'est la technique du cabrage. Mais attention à ne pas trop en faire. L'objectif n'est pas de réceptionner sur la roue arrière.

Une fois en l'air, restez « grand », c'est-à-dire avec jambes et bras tendus pour bénéficier de l'amplitude de vos membres lors de la réception et ainsi amortir au maximum.

La réception dans la pente se fait toujours sur les deux roues, ou légèrement sur la roue avant. Plus la pente est importante, plus il faut laisser (ou faire) « plonger » l'avant du vélo.

Vous pouvez corriger l'assiette* du vélo en tendant les bras si vous pensez ne pas être assez engagé vers l'avant. Mais n'ayez pas peur de sauter avec vos épaules en avant. Il ne faut pas refuser le saut. Le pire serait d'être trop en arrière car vous ne pourriez ni amortir, ni guider votre vélo.

Toujours être placé sur l'avant pour corriger l'assiette du vélo si besoin (en poussant le guidon vers le bas pour faire plonger le vélo).

Vous progresserez vite et vous aurez rapidement envie d'ajouter votre style.

Les bosses

Vous ne trouverez pas des bosses bien *shappées* (comme ci-contre) sur les chemins, mais certains monticules sur leurs abords peuvent servir de bosse d'appel. Il reste à trouver une zone de réception...

Pour vous entraîner, autant aller sur un terrain prévu à cet effet : champ de bosses, pistes de BMX...

Commencez toujours sur des bosses de type table, c'est-à-dire avec une zone plate entre l'appel et la réception (comme ci-dessus). Une bosse double (deux bosses, une pour l'appel et une pour la réception, avec un creux entre les deux) sera dangereuse pour débuter.

Sachez au préalable qu'il faut un minimum de vitesse pour décoller et atterrir dans la réception (flèche jaune). Sinon vous arriverez sur le plat (flèche rouge), ce qui n'est pas gênant sur une table, mais à proscrire sur une bosse double. Prenez suffisamment d'élan mais ne roulez tout de même pas « à bloc », car vous n'aurez pas le temps de comprendre ce qui se passe. Vous augmenterez la vitesse au fur et à mesure que vous prendrez de l'aisance.

Car attention, avec beaucoup de vitesse, si la table est courte, vous allez réceptionner trop loin (flèche noire) et cela est brutal (zone plate), voire dangereux (autre bosse). Si vous avez trop de vitesse, la technique consiste à raser la bosse (en absorbant la cassure). Ce geste ne sera pas décrit ici car il a pour but d'éviter de décoller pour aller le plus vite possible, en course par exemple.

Voici les quatre phases fondamentales lors d'un saut avec une bosse d'appel : la compression (1), l'extension (2), le vol (3) et la réception (4).

1. La compression : la bosse d'appel vous sert à comprimer le ressort qui est en vous (vos jambes). Dans la montée, vous devez vous laisser écraser. Sachant que sur ce type de saut, si vous arrivez vite et que vous restez quand même jambes tendues et crispé, vous allez décoller car c'est la trajectoire sur laquelle la rampe de lancement vous envoie.

2. L'extension : au point de rupture, vous devez vous grandir (allègement) en faisant monter vos épaules. Ne cherchez surtout pas à faire monter vos pieds, car vous perdriez le contact avec les pédales et la réception s'annoncerait des plus hasardeuses ! L'extension se termine au moment où la roue arrière arrive au point de rupture.

LE PLUS DU MONITEUR

Pour travailler le geste de compression / extension, diminuez votre vitesse tout en essayant de toujours réceptionner dans la descente.

3. Le vol : en l'air, votre position doit être grandie pour vous préparer à la réception (le ressort est détendu pour une meilleure absorption).
Soyez souple pour ne pas partir de côté : ce n'est pas le moment d'être crispé.
Observez la zone où vous vous dirigez car comme pour le drop, l'objectif est d'atterrir sur les deux roues en même temps. En fonction de la pente de la réception, corrigez votre assiette : vous donnerez l'angle nécessaire à votre vélo en tirant votre guidon ou en le poussant vers le bas.
Si vous êtes « trop court » et que la roue arrière va taper le plat, c'est justement en faisant pivoter votre vélo sur l'avant que l'arrière se lève et réceptionne plus loin. Vous gagnez 40 cm grâce à cela...

4. La réception : votre cible doit être le début de la descente pour avoir le temps d'amortir et vous préparer pour la suite, voire pour pomper et enchaîner sur une autre bosse si vous maîtrisez bien le geste...

La réception se fait sur deux roues, voire sur l'avant dès le début de la descente. Il n'y a que si vous êtes vraiment « court » (sur le plat), que vous réceptionnerez sur l'arrière, voire sur les deux roues.

Rebondir sur la roue arrière

Beaucoup de vététistes s'amusent à rebondir sur la roue arrière, malheureusement souvent avec la mauvaise technique. Si le frein arrière est en effet utilisé pour bloquer la roue, une subtilité de toute importance permet de rebondir avec aisance et même de se déplacer. Avec le frein arrière bloqué en permance, vous aurez plutôt tendance à reculer, et à ne faire que quelques rebonds. Explications...

Phase 1 : monter au coup de pédale

À partir d'un surplace, placez d'abord votre pied fort au moins à 45° pour bénéficier de plus de puissance (1) pour lever la roue avant (2). Au moment où vous voulez vous dresser, lâcher le frein arrière, donner votre coup de pédale et laissez rouler votre roue arrière. Le vélo monte ainsi tout seul. Entraînez-vous à bien maîtriser cette phase qui est capitale pour la suite.

Remarque : habituez-vous à monter en utilisant le coup de pédale, et non en faisant une levée de roue arrière puis un cabrage. Si cela vous place dans la même position finale, cette technique est à proscrire pour de nombreuses raisons tant du point de vue technique (espace nécessaire...) que pédagogique. Ne grillez pas cette étape importante.

Phase 2 : armez-déclenchez

À ce moment-là, synchronisez un coup de pédale bref et vif (pied fort) avec le lâcher du frein arrière, puis reprenez le frein pour la réception. Je vous conseille de travailler cette technique les deux roues au sol (voir ci-contre). Remarquez que pour donner de l'amplitude à votre mouvement et donc décoller, il faut « armer » votre geste, c'est-à-dire laisser la roue avant légèrement tomber (photo du haut) tout en remontant votre pied fort (pied droit pour moi).

Phase 3 : enchaînez

Quand votre équilibre sur la roue arrière est acquis, vous pouvez essayer de vous déplacer, notamment en avant. Pour cela, laissez d'abord descendre votre vélo avant de placer votre coup de pédale et faites-vous petit (jambes fléchies). Au coup de pédale, grandissez-vous pour donner une impulsion, puis reprenez le frein et amortissez la réception.

Vous pourrez utiliser cette technique dans différentes situations :

- rebondir sur la roue arrière pour impressionner vos amis, ou pour vous déplacer en roue arrière si vous roulez en trial ;
- monter sur une marche ;
- descendre d'une marche avec une technique autre que la sortie *wheeling* (cf. page 140) ;
- sauter loin pour franchir un gap*.

La synchronisation frein-coup de pédale

Exercez vous à plat pour apprendre à synchroniser le coup de pédale et le lâcher de frein. Depuis la position surplace, freins bloqués, essayez d'avancer en une impulsion le plus loin possible.

Sortie *wheeling*

Si vous jouez avec les marches, en les montant ou en les sautant quand vous pouvez prendre de la vitesse, il est aussi très plaisant de savoir descendre d'une marche haute sans vitesse, proprement, et sans risque. Ce geste n'est pas très compliqué et il impressionnera vos amis (et vous aussi !) lorsque vous l'effectuerez à une hauteur proche ou supérieure à un mètre.

Phase 1

Placez-vous en surplace sur votre pied fort (le droit pour moi) à une distance d'environ un mètre si vous êtes sur un rapport* de 1 (conseillé).

Le conseil du pro : observez bien la position des manivelles tout au long du geste. La clé de la réussite de ce geste est ici !

Phase 2

Lorsque vous décidez de partir, avancez les épaules pour comprimer la roue avant.

Phase 3

Juste avant que votre roue avant n'arrive devant l'arête de la marche, votre pied faible se trouve devant. C'est le moment de lancer votre *wheeling* en vous déplaçant vers l'arrière tout en appuyant sur la pédale avec votre pied faible.

Phase 4

Pour que votre *wheeling* lève suffisamment la roue avant, vous pouvez tirer le guidon à vous avec vos bras.

Attention, dès que votre pied fort revient en avant, arrêtez de pédaler.

Phase 5

En effet, lorsque votre roue arrière arrive sur l'arête de la marche, vos pédales sont bien placées (pied fort en avant) et vous n'avez alors plus qu'à vous laisser rouler et « tomber » pour réceptionner.

Vous n'avez fait ici qu'un tour de pédalier !

Phase 6

Positionnez-bien les pédales pour la réception (au même niveau, avec votre pied fort en avant). Pour bien amortir, notamment si la marche est haute, tendez vos jambes lorsque vous êtes en l'air (1), ce qui permettra d'avoir une grande amplitude lorsque vous fléchirez vos jambes (2) pour amortir.

Conseil de pro : pour être sûr de ne pas vous retourner au moment de la réception parce que vous vous seriez mis trop en arrière, freinez avec le frein arrière au moment de la réception. Vous aurez ainsi plus d'assurance et votre réception sera aussi plus « propre ».

Variante : partir à 0

Parfois il n'y a aucun espace pour prendre de l'élan. Vous devez partir immédiatement devant l'arête de la marche. On appelle cela « partir à 0 » (contrairement à « partir à 1 » pour le geste expliqué ci-contre à 1 mètre de l'arête).

Dans ce cas, faites votre surplace juste devant la marche, mais sur le « pied faible » (le gauche pour moi). Au moment de partir (1), avancez le buste pour comprimer l'avant et relevez légèrement votre pied faible pour placer la manivelle à 45°. Ce détail permet de disposer de plus de temps pour exercer votre force sur la pédale, permettant ainsi de lever la roue avant suffisamment haut.

Tout en effectuant votre pédalage, déplacez vos épaules vers l'arrière (2) pour faciliter la levée de la roue avant par allègement.

Avec un seul demi-tour de pédalier vous vous retrouvez à la phase 5 ci-contre, la roue arrière au bord de l'arête (3) avec les manivelles bien placées pour réceptionner pied fort devant. Désormais, vous n'avez plus besoin de prise d'élan !

Sorties latérales

Les hautes marches ne laissent parfois pas suffisamment d'espace pour placer votre vélo de face et ainsi partir à 0 comme nous l'avons vu précedemment. Dans ce cas, la sortie se fera sur le plan latéral. Cette sortie n'est pas très compliquée non plus et vous permet de descendre en toute sécurité. Elle reprend des éléments du saut simultané vu en page 93.

Phase 1

Avec de petits déplacements, approchez-vous de l'arête sans pour autant être trop au bord : environ 10 cm.
La technique du surplace et les déplacements doivent être bien maîtrisés.

Phase 2

Écrasez-vous sur le vélo, fesses et épaules très basses, pour comprimer les deux roues de manière égale. Observez bien l'inclinaison du côté du vide sur la photo de gauche.
Remarque : durant tout l'exercice, vos freins sont bloqués.

Phase 3

Détendez-vous de manière dynamique en direction du haut bien sûr, mais aussi du vide. Vous allez décoller avec les deux roues en même temps et au même niveau.

Phase 4

Sur le plat, il est plus confortable d'atterrir sur la roue arrière. Pour cela, vous ne pouvez pas tendre vos jambes puisqu'elles le sont déjà. Vous devez alors tirer le guidon vers le haut et vers vous pour incliner le vélo.

Phase 5

La réception se fait avec les deux freins bloqués et les jambes comme les bras jouent leur rôle d'amortisseur.

Vous pouvez vous « attaquer » à des marches de plus d'un mètre avec cette technique. Pensez alors bien à être souple à la réception.

Variante : déclenchement par pivot

Une autre technique consite à placer alternativement vos roues dans le vide : d'abord la roue arrière, puis ensuite la roue avant. C'est une technique que l'on utilisera notamment lorsqu'il y aura une vitesse de déplacement avant la marche.

Pour ce geste, il faut déjà maîtriser l'enchaînement de déplacements latéraux, comme par exemple l'exercice du tunnel (cf. page 89).

Phase 1

Ralentissez à l'approche de la marche pour venir arrêter votre roue avant à 10 cm du bord.

Phase 2

Bloquez le frein avant et déplacez-vous vers l'avant pour faire soulever la roue arrière (cf. page 124).

Phase 3

Une fois la roue arrière en l'air, faites-la légèrement pivoter dans le vide en orientant votre bassin et en poussant avec votre jambe opposée au vide. Restez positionné sur l'avant du vélo à ce moment-là, avec les bras légèrement fléchis.

Phase 4

Quand la roue arrière est au-dessus du vide, tirez vos bras vers le haut et vers vous pour faire décoller la roue avant. Une fois les deux roues en l'air, tendez les jambes pour préparer la réception.

MAXXIS.com

Pour être autonome à VTT, il faut forcément mettre les mains dans le cambouis. Car si nous avons la chance de faire du tout-terrain sur des vélos d'une dizaine de kilos, nos montures ne font pas toujours preuve d'une solidité à toute épreuve...

La mécanique

La crevaison

Pas de panique ! Pour cette réparation, vous allez pouvoir vous entraîner, car en VTT les crevaisons sont courantes (si vous roulez en version pneu + chambre à air). Sinon c'est que vous gonflez vos pneus comme si vous pesiez 280 kg ! Mais dans ce cas, vous perdez toute sensibilité, toute adhérence. Autant revenir à la roue en bois !

Certes, réparer une crevaison n'est pas le moment le plus agréable, mais ce n'est ni compliqué, ni long... Si cela vous dérange, choisissez de rouler en tubeless, mais ne gonflez jamais une chambre au-delà de 2,3 bars !

Cela aura un autre avantage : pour ne pas crever par pincement, vous serez obligé de rouler « *smooth** », très propre et très souple sur vos jambes. Un bon entraînement...

Voici comment réparer une chambre à coup sûr en quatre étapes

1. Repérage du trou...

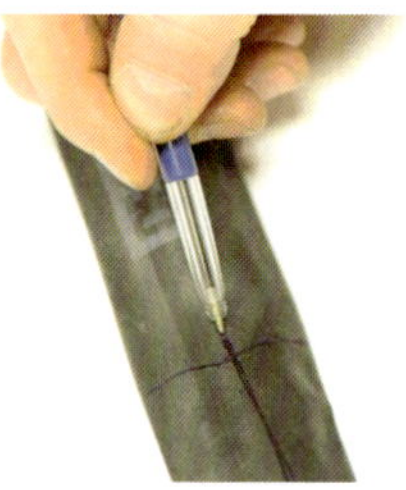

ou des trous si vous avez pincé la chambre à air ! Ce qui est souvent le cas si vous ne roulez pas trop gonflé. Vous le saurez vite, car le pneu se dégonfle en quelques secondes et vous aurez deux trous allongés et parallèles. Pour mettre la rustine au bon endroit, il faut savoir très précisément où se situe le trou. Vous le repérerez en gonflant la chambre, puis en écoutant le pschiiiiiiit ou surtout en sentant l'air sur votre joue ou votre oreille... S'il est vraiment très petit, alors vous aurez besoin d'eau pour tremper votre chambre et repérer les petites bulles. Une fois repéré, je vous conseille d'avoir toujours sur vous (dans votre sac) un stylo à bille avec lequel vous pourrez tracer une croix sur la position du trou pour ne pas la perdre et ainsi pouvoir placer la rustine avec précision (des traits suffisamment longs dépasseront de la colle et faciliteront le repérage). Déjà que vous vous êtes arrêté pour réparer, alors si après trois minutes il faut recommencer parce que vous avez collé la rustine quelques millimètres trop à gauche...

2. Nettoyage

Pour la même raison, il faut être sûr que la rustine colle bien et pour longtemps. Dans ce cas, un petit nettoyage s'impose. Vous pouvez l'effectuer avec du papier abrasif ou une râpe métallique que vous trouvez généralement dans votre kit de réparation. Quelques passages pour nettoyer la zone où vous allez coller la rustine suffisent... Pas besoin d'user la chambre !

3. Encollage

Appliquez à présent la colle, mais n'en mettez pas trop et étalez-la bien. Vous pouvez l'écarter avec votre doigt si besoin. L'important est qu'il y en ait sur toute la surface où va se trouver la rustine. Ne collez pas la rustine tout de suite. Attendez deux minutes. Une rustine est collée pour longtemps par vulcanisation, c'est-à-dire que la colle fait « fondre » votre chambre et la rustine pour ne faire qu'un. C'est pour cela qu'il est impossible de décoller une rustine.

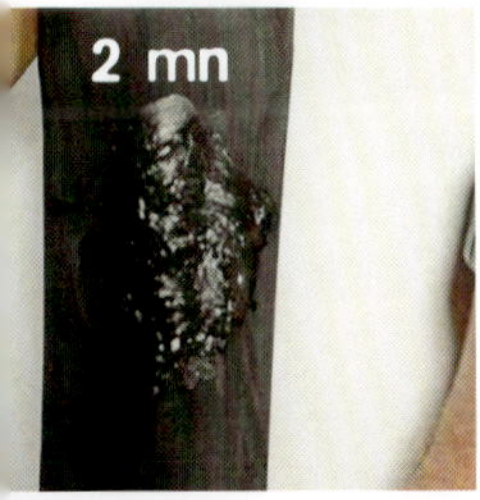

4. Application

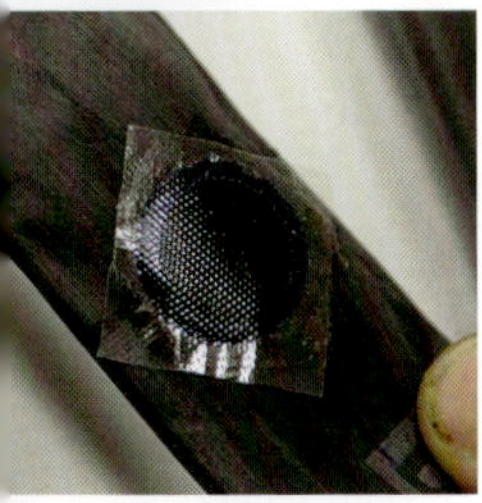

Vous pouvez à présent mettre la rustine que vous décollerez du papier aluminium sur lequel elle est collée. En revanche, laissez le papier transparent sur le dessus de la rustine. D'une part il vous permet de la tenir sans mettre les doigts sur la partie collante, et d'autre part il sert à ce que la rustine et la chambre ne collent pas au pneu à cause du surplus de colle qui dépasse. Cela serait dommageable car la chambre a besoin de bouger dans le pneu. Or si elle est bloquée, la rustine pourrait bouger.

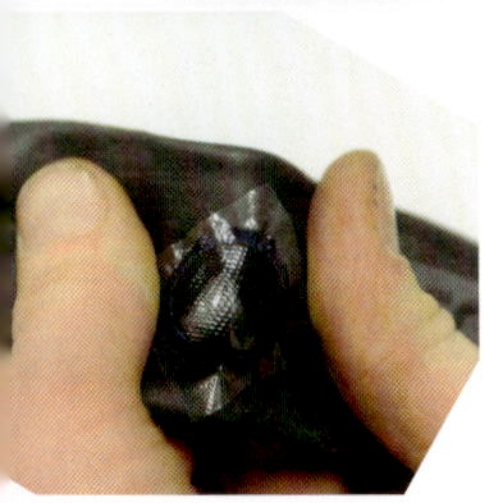

Pour être sûr que la rustine colle sur toute sa surface, notamment les bords, appuyez fortement sur toutes les parties en allant vers les extrémités. C'est bon ! Vous pouvez remettre votre chambre dans le pneu et la gonfler.

Avec de l'entraînement, une poignée de minutes suffit pour cette réparation.

Cependant, n'oubliez pas d'emporter dans votre sac une chambre à air de secours, car parfois la chambre trouée n'est plus utilisable (la valve est déchirée, il y a trop de trous...). Et n'oubliez surtout pas la pompe !

POUR LES ÉTOURDIS

Voici deux manières d'annuler une fuite d'air : avec un petit bâton souple que vous faites tourner (1) ou en faisant un nœud (2), vous pouvez isoler le (ou les) trou(s). Votre chambre est un peu plus courte, mais comme elle est élastique, vous arriverez à la replacer dans le pneu. Gonflez et rentrez...

Réparer la chaîne

Cette réparation n'est pas si rare qu'on le croit. Il y a plusieurs raisons de casser une chaîne :

• vous passez vos vitesses sauvagement, en pleine montée, là où vous forcez, trois pignons en même temps, en croisant la chaîne : ça ne durera pas longtemps !

• un bâton vient se prendre dans votre transmission, le dérailleur casse et la chaîne se tord ! C'est l'horreur ! Non ça se répare... La chaîne n'est pas cassée, mais il faut la réparer quand même.

• votre chaîne est trop vieille : changez-la en fonction de la fréquence de votre pratique (tous les ans si intense, tous les deux ans si régulière...).

L'explication ci-après concerne une chaîne cassée. Si ce n'est pas le cas, la manipulation est la même, mais vous commencerez à l'étape 2.

1. Préparez

Vérifiez que la chaîne passe au bon endroit : dans la fourchette du dérailleur avant, sur le plateau (placez-la à l'intérieur du petit plateau comme si vous aviez déraillé pour éviter qu'elle ne soit tendue). Elle doit aussi passer sur le pignon (placez-la sur le plus petit pour éviter les tensions), puis faites le tour des deux galets du dérailleur arrière.

2. Dérivez

Enlevez tous les maillons tordus. Pour cela, il faut toujours avoir avec soi un dérive chaîne. Cet outil est le seul à pouvoir pousser le rivet qui tient chaque maillon.

Attention : vous devez OBLIGATOIREMENT finir par un maillon externe d'un côté et un maillon interne de l'autre pour que la chaîne se raccorde.

IMPORTANT : il faut à tout prix laisser le rivet sur le dernier maillon externe, sinon il est trop difficile de tenir la chaîne d'un côté, de l'autre côté, le dérive chaîne et le rivet... tout cela avec seulement deux mains !

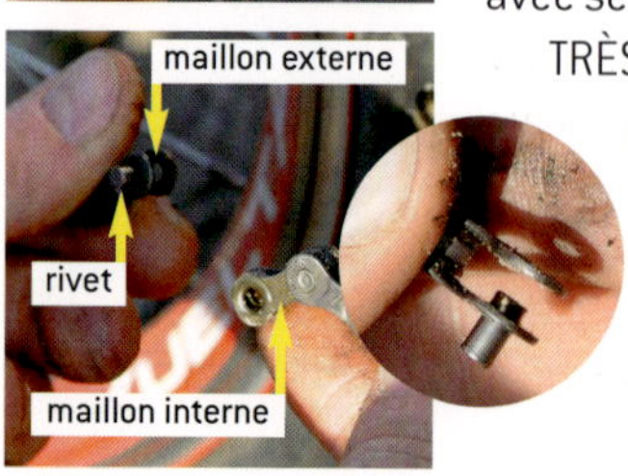

TRÈS IMPORTANT : pour que ce soit encore plus facile, ne poussez pas le rivet à fond et laissez-le dépasser à l'intérieur (comme ci-contre). Les deux côtés de la chaîne tiendront ainsi tout seuls.

Pour cela, comptez quatre tours et demi sur le dérive chaîne lorsque vous poussez le rivet.

3. Raccordez

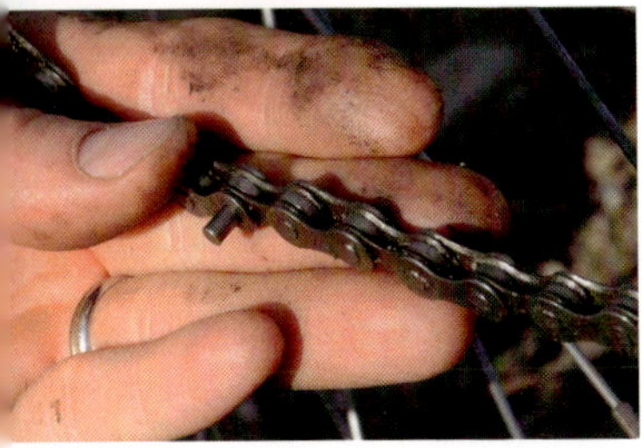

Vérifiez encore une fois que votre chaîne passe partout. C'est l'erreur que l'on fait lorsque l'on veut aller trop vite et cela impose de tout recommencer.
Rapprochez ensuite les deux parties (qui doivent tenir ensemble toutes seules si vous avez laissé le rivet dépasser).
Utilisez le dérive chaîne pour repousser le rivet. Cette fois-ci, il n'est pas utile de compter les tours puisque vous voyez l'avancement du rivet. Il faut le pousser jusqu'à ce qu'il dépasse de la même longueur de chaque côté du maillon.

4. Finalisez

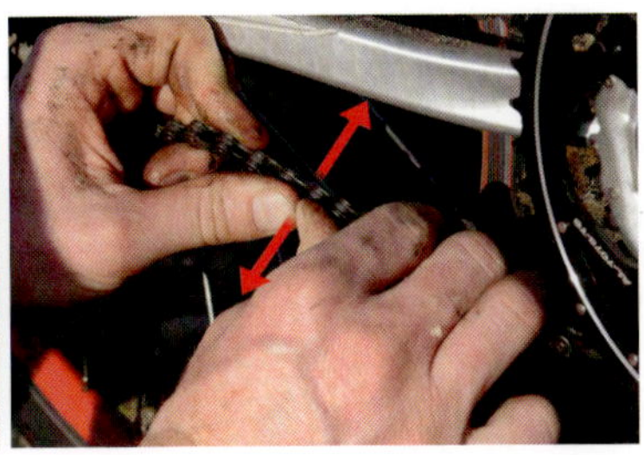

Ne perdez pas des yeux les maillons que vous avez rivetés. Normalement ils doivent être durs, c'est-à-dire ne pas faire de rotation entre eux. La chaîne a ce que l'on appelle un « point dur » qui va être gênant dans le passage des vitesses et lorsque vous roulez sur les petits pignons. Pour enlever ce point dur, tordez la chaîne latéralement des deux côtés à l'endroit du rivet que vous avez repositionné. Cela va lui donner un jeu latéral nécessaire à son fonctionnement.

Enfin, comme vous avez enlevé plusieurs maillons, la chaîne devient plus courte. Dans ce cas, vous ne pouvez plus utiliser toutes les vitesses du vélo, notamment le grand plateau avec les grands pignons, au risque de casser à nouveau la chaîne ! Prenez garde et changez votre chaîne pour la prochaine sortie.

Remarque : sachez aussi que certaines chaînes sont munies d'un maillon rapide qui se détache sans outil ou avec une simple pince, ce qui est très pratique lorsque vous voulez simplement changer la chaîne. Vous le repérerez par sa couleur différente des autres maillons. Pour le détacher, poussez un côté du maillon externe à droite pendant que vous poussez l'autre côté du maillon à gauche. Pour le refermer, la simple tension de la chaîne suffit à le bloquer. Voilà, vous êtes prêt pour repartir.

Maillon rapide.

Régler le dérailleur avant

Quatre réglages influent sur le bon fonctionnement du dérailleur avant. Autant les connaître pour ne pas traîner des petits problèmes qui vous gâchent les sorties...

Le positionnement du dérailleur

La fourchette doit être parallèle aux plateaux. Si ce n'est pas le cas, desserrez la vis de fixation du dérailleur et faites-le pivoter légèrement pour l'aligner comme ci-contre (1).

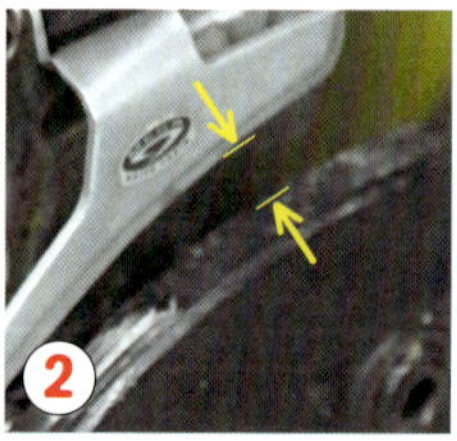

Le dérailleur doit être positionné 2 à 3 millimètres au-dessus du plus grand plateau ou de la flasque afin qu'il puisse se déplacer sans les toucher. Si ce n'est pas le cas, utilisez la même vis que précédemment et déplacez le dérailleur verticalement pour le mettre à la bonne hauteur (2).

La tension du câble

Pour qu'à chaque action sur le levier de vitesse corresponde le passage d'un plateau, il faut une bonne tension de câble.

Pour la vérifier, placez la chaîne sur le petit plateau et vérifiez qu'il n'y a pas de mou. Vous pouvez le voir en tirant sur le câble à l'endroit où il passe, soit sur le tube supérieur, soit le long du tube de selle. S'il y a du mou, il faut retendre le câble au niveau du dérailleur. Desserrez la vis de fixation du câble, tenez ce dernier tendu avec votre main et resserrez la vis avec l'autre main comme ci-contre.

Une fois ce réglage effectué, vous n'interviendrez sur la tension du câble qu'avec la vis de réglage de tension qui se trouve à la sortie de la commande de changement de vitesses (comme ci-dessous). Essayez de faire monter la chaîne sur le moyen plateau. Si elle ne passe pas en une fois, il faut tendre le câble (rallonger la distance), donc dévisser la vis de réglage. Essayez de faire descendre la chaîne sur le petit plateau. Si elle ne passe pas en une fois, il faut détendre le câble, donc visser.

Quand ça déraille : le réglage des butées

Deux vis positionnées sur le dessus du dérailleur permettent de limiter l'amplitude du dérailleur à gauche et à droite.

Butée basse

La vis de gauche correspond à la butée basse qui évite de dérailler à l'intérieur, c'est-à-dire plus loin que le petit plateau.
Si c'est le cas, placez la chaîne sur le petit plateau et vissez la vis de butée à gauche marquée généralement L (pour Low). Tournez seulement d'un demi-tour et regardez la différence en changeant les vitesses. Recommencer demi-tour par demi-tour si la chaîne déraille encore.

Dans la position petit plateau / grand pignon, votre chaîne ne doit pas toucher la fourchette, mais la frôler.
Le bon réglage doit permettre de passer en une fois sur le moyen plateau, puis de revenir en une fois sur le plus petit, sans dérailler, quel que soit le pignon sur lequel se trouve la chaîne.

Butée haute

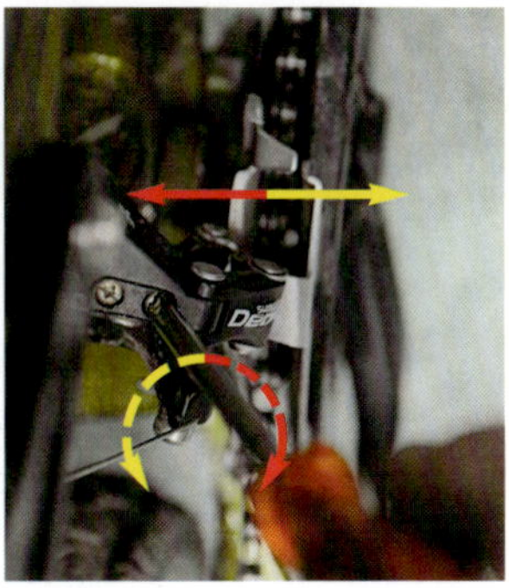

La vis de droite est la butée haute, marquée généralement H (pour High). Elle évite de dérailler à l'extérieur, c'est-à-dire plus loin que le grand plateau.
Si c'est le cas, placez la chaîne sur le plus grand plateau et vissez la vis de butée haute demi-tour par demi-tour avant de regarder ce que cela change.

Dans la position grand plateau / petit pignon, votre chaîne ne doit pas toucher la fourchette, mais la frôler.
La chaîne doit passer en une fois sur le moyen plateau, puis remonter en une fois sur le grand sans aller trop loin, quel que soit le pignon utilisé.

Régler le dérailleur arrière

Pour rouler propre et souple, vous devez utiliser au mieux les vitesses de votre vélo. Mais vous ne le ferez que si leur fonctionnement est au top ! Et quel bonheur quand à chaque clic correspond un allégement tout en douceur dans les jambes... Trois réglages parfont le fonctionnement de votre dérailleur arrière. Ils doivent être effectués obligatoirement dans cet ordre.

La tension du câble

Le câble doit d'abord être correctement tendu. Placez le dérailleur sur le petit pignon et vérifiez (à un endroit où passe le câble) qu'il n'y a pas de mou. Si c'est le cas, desserrez la vis de blocage du câble, tendez le câble d'une main et resserrez la vis avec l'autre main (comme ci-contre).

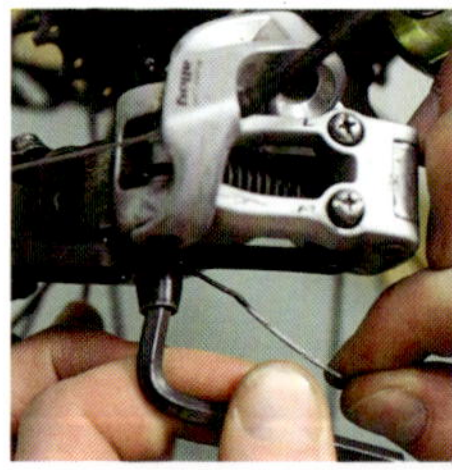

Le réglage des butées

Le fonctionnement est le même que pour le dérailleur avant : une butée basse marquée L (pour Low) limite le déplacement du dérailleur sur le petit pignon et une butée haute marquée H (pour High) le limite sur le grand pignon.

Butée basse

Si votre chaîne déraille en allant trop loin à l'extérieur (comme ci-contre), vous devez visser la butée basse. Effectuez vos réglages demi-tour par demi-tour, puis contrôlez le fonctionnement en passant les vitesses. Continuez jusqu'à ce que le problème disparaisse. Le réglage de la butée basse doit permettre d'aligner le galet haut du dérailleur avec le petit pignon. Pour cela, placez votre dérailleur le plus bas possible, puis ajustez la vis L pour que le galet soit aligné avec le bord extérieur du petit pignon.

L'action sur la vis de butée basse a pour conséquences :

- en dévissant, vous permettez au dérailleur d'aller plus loin à l'extérieur (à droite) comme les flèches rouges ;
- en vissant, vous permettez au dérailleur d'aller moins loin à l'extérieur comme les flèches jaunes.

Vérifiez simplement que la chaîne passe bien du petit pignon à l'avant dernier et inversement. Le réglage entre chaque pignon viendra après...

Butée haute

Si votre chaîne déraille en allant trop loin à l'intérieur (dans les rayons comme ci-dessous à gauche), vous devez agir sur la butée haute.
Ce réglage doit permettre d'aligner le galet haut du dérailleur avec le grand pignon. Pour cela, placez votre dérailleur le plus à gauche possible, puis ajustez la vis pour que le galet soit parfaitement aligné avec le grand pignon.

Le réglage de la vis de butée haute a deux conséquences :

• en vissant, vous permettez au dérailleur d'aller moins loin à l'intérieur (comme les flèches rouges) et donc de ne pas faire passer la chaîne dans les rayons ;

• en dévissant, vous permettez au dérailleur d'aller plus loin à l'intérieur (comme les flèches jaunes) et donc de pouvoir monter sur le grand pignon.

Effectuez vos réglages demi-tour par demi-tour puis contrôlez le fonctionnement en passant du grand pignon à l'avant-dernier et inversement. Continuez jusqu'à obtenir un passage à chaque fois.

Le réglage entre chaque pignon

Essayez de passer chaque vitesse, une à une, dans le sens de la montée et de la descente.
À chaque fois que le passage n'est pas franc, ajustez la tension du câble par la vis située à la sortie de la commande au guidon :

• en vissant, le dérailleur est moins tendu et la chaîne passe mieux d'un pignon haut à un pignon bas ;

• en dévissant, le dérailleur est plus tendu et la chaîne passe mieux d'un pignon bas à un pignon haut.

Agissez ici par quart de tour pour trouver le réglage optimal.

Régler la direction

Le jeu dans la direction n'est pas agréable. Il donne une impression de flottement et surtout il détériore les roulements. Sachez le détecter et y remédier. À l'inverse, trop serré, le mouvement de votre guidon sera plus dur et votre pilotage difficile.
Les explications sont réalisées sur un jeu de direction type Aheadset*. Si vous avez encore un jeu de direction fileté et une potence avec expendeur, reportez-vous à des manuels de mécanique car nous ne pouvons pas tout traiter dans cet ouvrage.

Les différentes vis pour le réglage du jeu

Le système Aheadset est très simple mais doit être compris au risque de l'endommager.

La vis latérale de la potence sert au blocage du jeu de direction. D'autres potences disposent de deux vis latérales, mais elles ont la même utilité.
Pour tout réglage, il faut donc auparavant débloquer cette vis (ou les deux).
La vis verticale positionnée sur le dessus est la vis de réglage :
• si vous vissez, il y aura moins de jeu dans la direction, jusqu'à ce que celle-ci soit trop dure ;
• si vous dévissez, vous augmentez le jeu et la direction est plus souple.

Vous devez trouver le réglage optimal : ni trop dur, ni trop souple (ce qui risquerait d'engendrer un jeu néfaste).
Pour contrôler cela, freinez du frein avant et placez vos doigts au niveau du jeu de direction (comme ci-contre). En poussant le vélo d'avant en arrière, vous sentirez si la direction a du jeu ou pas.
Pour vérifier que la direction n'est pas trop dure, levez la roue avant et faites tourner le guidon...
Ajustez jusqu'à ce que le réglage soit parfait et n'oubliez pas de resserrer la (ou les) vis de blocage de la potence.

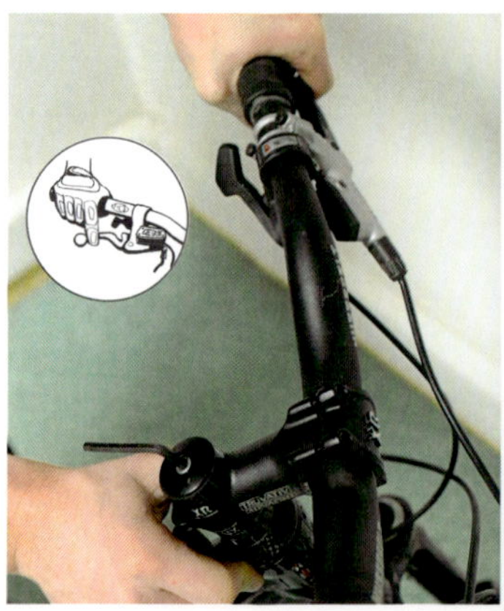

Régler la hauteur de la direction

Vous disposez de réglages limités pour la hauteur de votre potence. Le seul réglage possible se fait à l'aide d'entretoises de hauteurs différentes que vous pouvez placer en dessous ou au-dessus de la potence.
Pour cela, dévissez la potence comme ci-dessous.

Dévissez ensuite entièrement la vis de réglage du jeu de direction pour l'enlever avec son bouchon. Vous constaterez que cette vis est fixée sur une étoile métallique insérée dans le pivot (tube vertical de la fourche).

Si vous enlevez la potence, vous avez alors accès aux entretoises. Si vous n'en avez qu'une, placez-la sous la potence pour rehausser le poste de pilotage (plus adapté à la descente et aux techniques de pilotage). Si vous la placez au-dessus de la potence, le cintre sera plus bas (préférable pour les montées et le cross-country).
Attention, si vous changez d'entretoises, il doit toujours rester 5 mm au-dessus du pivot de la fourche. Cette distance est nécessaire pour le réglage, puisque celui-ci se fait en écrasant le jeu de direction.

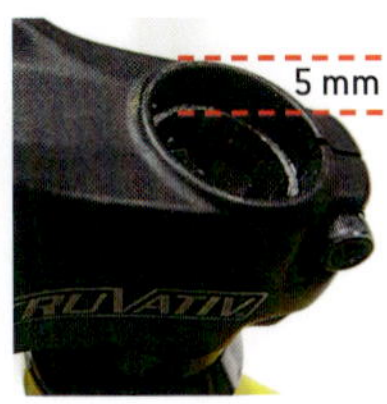

En revanche, si vous changez votre fourche, vous pouvez adapter à ce moment un nombre plus important d'entretoises. En effet les fourches neuves disposent d'un pivot très long que vous devez couper. Dans ce cas, prévoyez la distance nécessaire pour placer vos entretoises en dessous ou en dessus de la potence. Cela sera aussi un avantage si vous voulez revendre votre fourche ou votre vélo... Mais ne placez pas trop d'entretoises sinon votre potence sera trop haute.

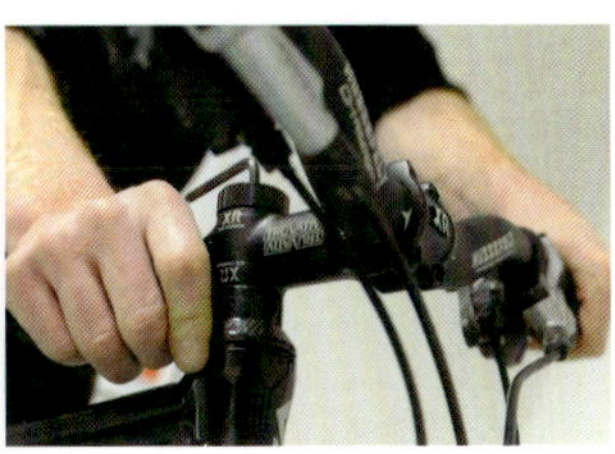

Une fois l'opération effectuée, replacez la vis de réglage au-dessus de la potence et vissez-la jusqu'à ce que votre jeu de direction soit « écrasé ». Ensuite, réglez le jeu en suivant les explications de la page précédente.

Dévoiler une roue

Les rayons restent la meilleure invention pour les roues : ils allient robustesse (rigidité dans les courbes), souplesse (confort sur les chocs) et facilité d'entretien (réparation, dévoilage...).

Voiler une roue est très courant et vous devez pouvoir y remédier rapidement, surtout si vous avez des freins à patins, sinon le bruit du frottement va vite vous énerver. Seuls les gros voiles, notamment après une chute latérale, ne sont pas rattrapables selon la technique décrite ci-après, ni par celle de l'illustration ci-dessus. Si vous avez plié votre roue en deux ou en huit, essayez tout simplement de la ramener droite en forçant contre un mur ou un arbre de la manière suivante (photo ci-contre).

Une roue, comment ça marche ? Non comment ça roule...

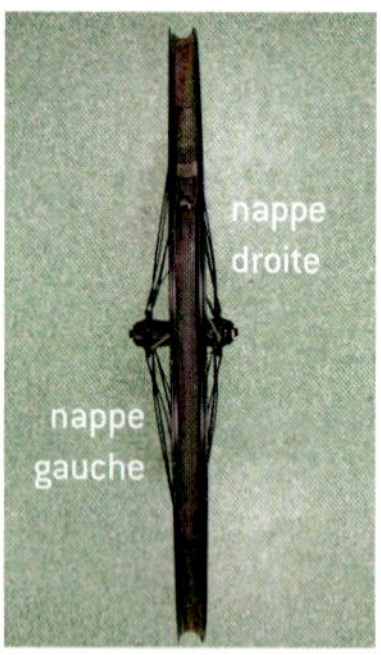

Il est nécessaire de comprendre leur fonctionnement avant d'agir sur les rayons.

La roue est constituée de deux nappes de rayons, chacune étant composée de 14 à 18 rayons (ce qui fait pour une roue 28 à 36 rayons. Les rayons tendent la jante de gauche à droite. Un rayon sur deux appartient à la nappe du même côté.

Le rayon est une tige fixée au centre de la roue (sur le moyeu) et vissée sur la jante grâce à un écrou appelé « tête de rayon ». Le filetage est très long, ce qui permet, grâce à l'écrou, de raccourcir ou agrandir sa longueur, donc de tendre le rayon. Ainsi, si vous raccourcissez les rayons de la nappe gauche, vous amenez la jante vers la gauche et inversement. C'est magique !

Repérer le voile

Si vous avez des freins à patins, cela est plus facile, sinon une dévoileuse (ou une vieille fourche fixée sur un socle avec des repères visuels ajustables) vous permettra de repérer les zones où la jante est décalée à droite ou à gauche. Il existe aussi des petits outils très simples qui se fixent sur le cadre de votre vélo, ou au pire, si vous êtes sur le terrain, maintenez votre doigt proche de la jante pour évaluer le voile...

Repérez donc la zone voilée. Vous devez voir :

- de quel côté la jante est décalée ;
- à partir de quel rayon du côté opposé se situe le décalage ;
- jusqu'à quel rayon du côté opposé persiste le voile.

Dévoiler…

Grâce à une clé à rayons, vous allez raccourcir tous les rayons opposés compris dans la zone repérée. Pour cela, il faut visser (attention au sens !) les têtes de rayons en fonctionnant de la manière suivante :

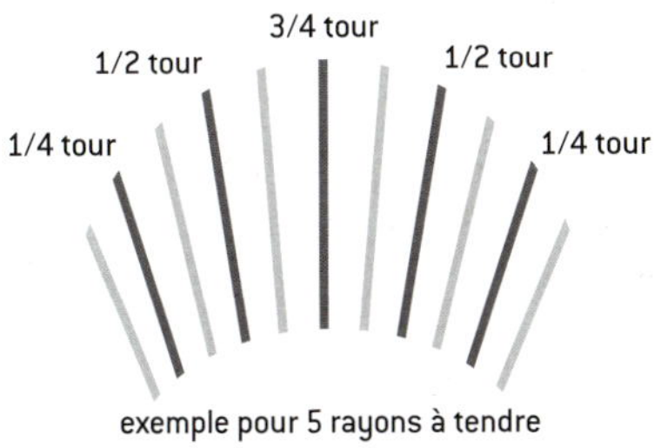

1. Commencez par un quart de tour sur les rayons les plus éloignés du centre du voile.
2. Augmentez d'un quart de tour à chaque fois que vous passez vers un rayon plus central, jusqu'au centre de la zone.
3. Observez la différence et recommencez si besoin.

Agissez doucement mais sûrement. Entraînez-vous sur de vieilles roues éventuellement, et n'ayez pas peur de faire des erreurs, vous n'abîmerez rien ! Attention néanmoins : ne desserrez pas les rayons, car vous risquez de rendre la roue trop souple.

Remarque : les rayons se desserrent d'ailleurs tout seuls. Contrôlez régulièrement leur tension (comme ci-contre). Si vous constatez que certains sont desserrés, revissez leur tête jusqu'à sentir une résistance. Vérifiez ensuite que vous n'avez pas voilé la roue (sinon cela vous fera un entraînement).

Lorsque vous allez remonter sur votre vélo, la roue va faire un peu de bruit. Cela est normal : ce sont les rayons qui se remettent en place !

Régler des freins à patins

Les freins sont un élément de sécurité qu'il faut vérifier fréquemment. Des freins bien réglés, c'est une meilleure efficacité et surtout plus de confort, donc plus de disponibilité pour piloter.
Certes les freins à disque ont apporté des améliorations non contestables, mais les freins à patins restent d'une efficacité suffisante (pour une pratique sportive) depuis qu'il existe les étriers de type V-brake (étrier long avec tirage latéral du câble comme ci-après). Si vous avez encore des étriers de type cantilever (tirage central du câble), vous pouvez investir...

La transmission de l'action

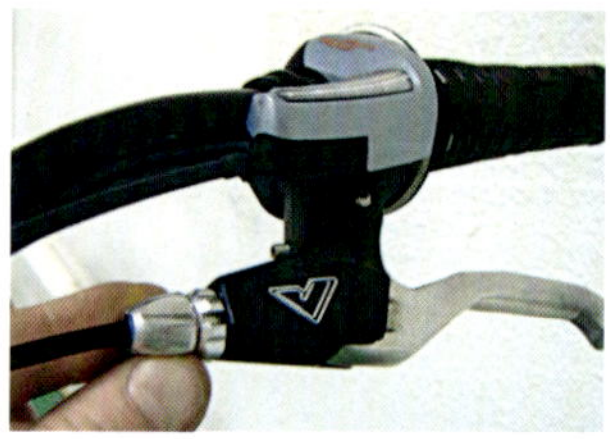

Vos freins doivent d'abord être souples (faciles à actionner). Si ce n'est pas le cas, changez déjà les câbles et les gaines. Si vous roulez souvent en conditions humides, faites-le tous les ans.
Avant d'effectuer cette opération ou avant tout réglage comme ci-après, revissez au minimum la molette d'ajustement de l'usure des patins afin de repartir de zéro. Tout au long de l'année, pensez aussi à mettre un peu d'huile aux extrémités des gaines.

L'état des patins

Les patins s'usent plus ou moins vite en fonction de leur matériau, du terrain sur lequel vous roulez (la boue et le sable usent la gomme et les jantes) et enfin de la fréquence de vos freinages.
Contrôlez souvent leur usure, car après la gomme se trouve l'armature du patin qui est en métal. Si vous veniez à freiner « fer contre fer », d'une part cela ferait du bruit et le freinage ne serait pas efficace, d'autre part vous allez creuser la jante de votre roue et vous devrez en changer !

Ayez toujours un jeu de patins neufs chez vous, voire dans votre sac. Il suffit parfois d'une sortie sous la boue pour user une paire de patins (même neufs !).
Les patins doivent être usés de manière régulière, sinon c'est qu'ils sont mal réglés. Pensez aussi à les nettoyer (avec de l'alcool à 90° ou du papier abrasif) et à libérer les rainures qui permettent d'évacuer l'eau. Dès qu'elles ont disparu, c'est que les patins sont usés et doivent être changés.
Pour un meilleur freinage, pensez à enlever la traînée noirâtre qui se dépose sur les jantes, avec de l'acétone ou de l'alcool à brûler.

Le réglage des patins

1. Le patin doit toucher la jante sur toute sa surface

Chaque patin doit être parallèle à la jante (ou légèrement incliné pour que l'avant du patin touche en premier), mais également bien centré de haut en bas pour éviter que le patin ne touche le pneu et le détériore s'il est trop haut ou passe sous la jante s'il est trop bas.

Pour régler un patin, utilisez l'écrou de serrage du patin sur le côté. Vous verrez qu'une fois desserré, vous pouvez orienter le patin dans tous les sens et le faire glisser de haut en bas. La clé nécessaire est généralement une BTR de 5 mm. Vérifiez que lorsqu'il revient à sa position initiale, le patin ne touche pas le pneu.

2. L'éloignement des patins conditionne la course du levier

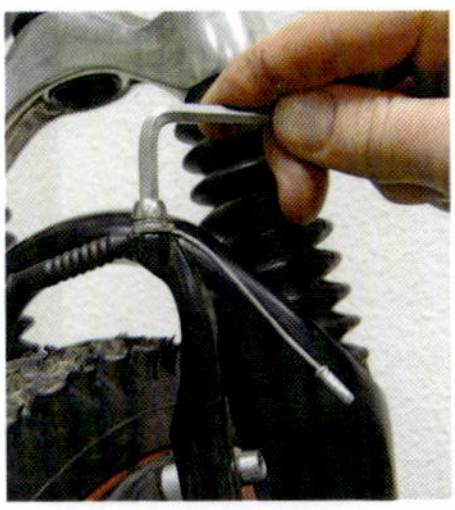

Vous devez ensuite régler la tension du câble de frein avec la vis de serrage positionnée sur le haut de l'étrier (comme ci-contre). Avec la même clé BTR de 5 mm, vous pouvez ainsi tendre le câble, ce qui rapprochera les patins de la jante et donc la course de votre levier de frein. Si vous desserrez le câble, vous éloignez les patins de la jante et la course du levier sera plus importante.

3. Les patins doivent être centrés sur la jante

Pour qu'ils touchent la jante en même temps, l'éloignement du patin gauche doit être le même que celui du patin droit. Pour cela, vous pouvez agir avec un tournevis sur la dureté des ressorts de rappel de chaque étrier de frein. En vissant, vous augmentez la tension du ressort, ce qui éloigne le patin de la jante, et inversement.

4. L'usure des patins modifie la course du levier de frein

Plus les patins s'usent et plus la course des leviers s'allonge. Pour rattraper cela, il faut tendre le câble, soit en dévissant avec la molette d'ajustement de la tension du câble (ci-contre), soit avec la vis BTR de serrage du câble sur le haut de l'étrier de frein.

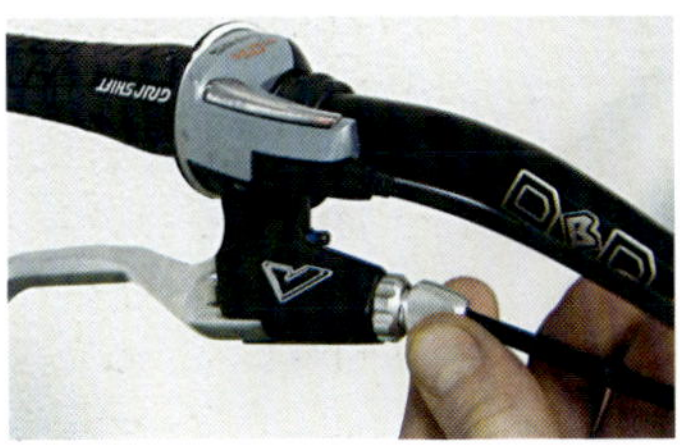

Les freins à disque

Quelle merveilleuse invention que les freins à disque pour le VTT. Finis les réglages des patins sur les jantes, l'entretien, le changement de patins après chaque sortie pluvieuse... et le voile des roues !
C'est vrai, mais il existe d'autres pièges ou d'autres inconvénients. Voici quelques remèdes pour les plus courants.

Régler la garde des leviers

Certains aiment rouler avec des leviers de frein qui disposent d'une grande garde. À l'inverse, d'autres préfèrent une toute petite garde. Vous disposez sur certains leviers de frein d'une vis pour ce réglage, mais parfois, cela éloigne ou rapproche simplement le levier du guidon. Ce réglage n'est pas toujours réalisable. En revanche, certains leviers disposent d'une molette qui permet un ajustement sans outil.

Vive les surprises !

Il est fréquent de démonter les roues de son VTT. Dans ce cas, le disque sort de son logement : l'étrier de frein où se trouvent deux plaquettes mobiles (parfois une seule est mobile et l'autre est fixe). Celles-ci sont placées sur des pistons qui avancent et appuient fortement sur le disque.
Si vous avez des freins hydrauliques (avec du liquide entre le levier et l'étrier), il ne faut pas actionner le levier de frein lorsque le disque n'est pas présent entre les plaquettes. Sinon... !

Surprise : vous ne pouvez plus mettre votre roue car les pistons ont avancé, et comme ils n'ont pas rencontré le disque, ils sont allés plus loin que prévu...
Dans ce cas, pas d'affolement. Ne démontez rien ! La solution est la même que lorsque vous allez changer vos plaquettes, que ce soit sur votre VTT ou votre voiture d'ailleurs : il faut repousser les pistons.
Pour cela, utilisez un outil plat et non tranchant (pour ne pas abîmer la garniture des plaquettes) et forcez pour faire revenir les pistons vers l'extérieur.
Vous pouvez aussi enlever les plaquettes et pousser directement sur les pistons. Vous aurez ainsi plus de place et vous n'abîmerez pas les plaquettes. Agissez toujours avec délicatesse.
Remarque : si vous avez des freins à disque par transmission à câble, le fonctionnement est différent et ce problème n'existe pas.

Changer les plaquettes

Contrôlez souvent l'état de vos plaquettes. La garniture doit être suffisamment présente (plusieurs dixièmes de millimètres), sinon vous allez freiner « fer contre fer » et dans ce cas votre disque va devenir très fin rapidement.

Cela veut aussi dire que si c'est le cas en pleine sortie, la qualité de votre freinage va considérablement diminuer. Vous vous en apercevrez également avec le bruit de ferraille que cela produit... Il est conseillé d'avoir constamment dans son sac une paire de plaquettes de rechange. Achetez-en toujours une d'avance car selon votre modèle de frein, vous risquez de ne pas en trouver partout, notamment en vacances... Ce serait dommage !

Changez les plaquettes dès qu'elles sont usées ou souillées, c'est-à-dire qu'elles ont reçu de l'huile ou un corps gras car vous ne pouvez pas les nettoyer. Vous n'avez plus qu'à les jeter, même si elles sont neuves. Prenez donc garde à ne pas toucher votre disque avec les doigts tout gras, à projeter de l'huile lorsque vous graissez votre chaîne...

Pour les changer, enlevez les anciennes en tirant sur les tétons (comme ci-contre) si vos plaquettes tiennent simplement par un aimant ou un clips. Sinon, il faut auparavant enlever une vis ou une goupille de sécurité. Avant de placer les nouvelles, n'oubliez pas de repousser les pistons !

Dévoiler le disque

Mieux vaut ne jamais avoir à effectuer cette opération, mais on ne choisit pas toujours.

Faites néanmoins attention lors du transport de votre VTT. Lorsque vous démontez vos roues ou lorsque vous placez plusieurs vélos tête-bêche, les disques sont très vulnérables et quelque chose vient souvent appuyer dessus.

S'il est légèrement voilé, équipez-vous d'un outil spécifique ou utilisez une pince que vous protégez pour ne pas abîmer le disque. Tordez ensuite le disque pour le faire revenir dans la direction souhaitée, en agissant par petits coups.

Ce dévoilage s'effectue à tâtons alors que l'alignement du disque doit être quasiment parfait puisque l'espace entre les plaquettes est très très fin. Si vous n'y arrivez pas, n'hésitez pas à changer de disque...

Les suspensions

Plus personne ne remet en question l'utilité d'une fourche télescopique. Tous les VTT en sont équipés depuis longtemps, mais certaines n'en ont que l'aspect. La fourche est aussi importante que les amortisseurs sur votre voiture. Pour l'arrière, la présence d'une suspension est bénéfique ou néfaste au pilotage suivant la pratique de chacun, et surtout suivant la qualité de l'amortisseur et la géométrie du système.
Quel que soit le système, il faut néanmoins connaître les principaux réglages de ses suspensions, au risque d'en être équipé pour rien, ou pire, d'être perturbé par leur mauvais fonctionnement.
Nous n'aborderons ici que les réglages basiques d'une suspension (à connaître obligatoirement), sachant que les principes sont valables pour l'avant et l'arrière. Pour plus de précisions, reportez-vous aux ouvrages consacrés exclusivement à la mécanique et qui abordent plusieurs types de suspensions du marché (mais ce n'est pas courant) ou à la notice du constructeur si vous l'avez. Sinon recherchez-la puisque vous y trouverez toutes les indications nécessaires pour vos réglages (pressions...).

Le débattement

Sur de plus en plus de fourches, vous pouvez régler le débattement, c'est-à-dire la distance disponible pour absorber les chocs.
Un grand débattement est idéal pour la descente alors qu'un petit débattement est plus adapté pour la montée puisque cela limitera l'action de pompage (absorption de votre énergie par la suspension), notamment lorsque vous êtes en danseuse. Certains modèles disposent d'un débattement réglable comme ci-contre.
On peut même parfois bloquer la compression. Cette action se fait soit au niveau de l'amortisseur arrière par un levier, soit au niveau du haut de la fourche par un bouton à tourner, ou encore mieux par une manette fixée au guidon (pour l'avant comme pour l'arrière). Sur certaines fourches, le blocage se fait en position comprimée, ce qui est avantageux en montée car cela abaisse votre poste de pilotage, favorisant ainsi votre rendement.

En revanche, n'oubliez surtout pas de débloquer la fourche avant la descente car vous risquez de prendre une belle gamelle : l'adhérence de la roue avant ne sera pas la même... alors que vous attaquez comme d'habitude ! Aïe...

Régler la détente

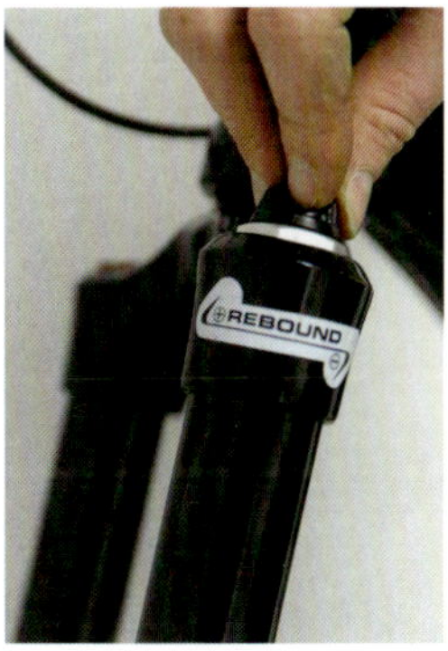

Le réglage le plus important est la détente (ou rebond) : c'est la vitesse à laquelle revient la suspension après s'être comprimée. Comment cela se passe-t-il ? Illustration à partir d'une fourche :

– si la détente est trop rapide, la fourche remonte plus vite qu'elle n'est descendue et vous êtes encore plus secoué ;

– si la détente est lente, votre fourche est encore « en bas » alors que le second choc arrive déjà ! Le débattement de la suspension n'est alors pas utilisé.

Le bon réglage de la détente correspond à un retour légèrement plus lent que la vitesse de compression. Néanmoins, cela dépend aussi du terrain sur lequel vous roulez. Si vous faites des descentes d'escaliers, prévoyez une détente rapide... !

Le réglage de la compression par ressort

En fonction de votre poids, la suspension ne va pas fonctionner de la même manière. Vous imaginez bien qu'une personne de 120 kg comprimera immédiatement les amortisseurs réglés pour une de 50 kg. Il existe pour cela le réglage de la précontrainte qui agit sur la compression initiale qui s'appelle SAG (débattement utilisé lorsque vous montez sur le vélo). Celui-ci doit être d'environ 30 % du débattement total. Pour le mesurer, utilisez un repère (collier rilsan par exemple) que vous fixez sur le plongeur de votre fourche ou votre amortisseur (comme ci-dessous). Le réglage de la précontrainte sur un amortisseur à ressort se fait mécaniquement en tournant une bague filetée qui appuie sur le ressort de l'amortisseur arrière, ou sur le haut de la fourche par une molette qui tourne (comme ci-dessus).

Le réglage de la compression par air

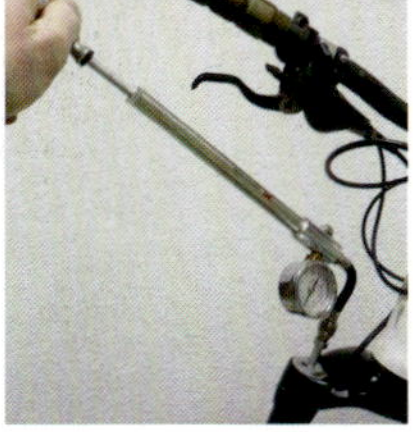

Certaines fourches et certains amortisseurs arrière fonctionnent avec de l'air. Celui-ci se comprime et remplit la fonction d'amortissement obtenu sur les autres systèmes avec un ressort. L'avantage de l'air est la légèreté du système.

L'inconvénient est un réglage plus délicat. Pour modifier la pression dans la cartouche, vous devez utiliser une pompe spéciale (basse ou haute pression suivant les modèles). Ensuite, la pression est fonction de votre poids et vous sera indiquée dans la notice.

La règle de 30 % de SAG est également valable ici.

Qu'est-ce qu'on attend pour s'amuser ?

Ça arrive même aux meilleurs ! Bravo à eux...

Pour continuer à progresser

En parcourant ces pages, j'espère que vous avez appris de nombreuses choses et que vous arriverez à les mettre en pratique. Mais je ne me fais pas de souci pour cela.
Pour progresser, comprendre la technique est plus important que rouler sans réfléchir. Vous progresserez plus en passant 1 heure à lire ce livre qu'en allant rouler 3 heures !
Vous êtes désormais paré pour piloter !
J'espère surtout vous avoir ouvert les yeux sur le fait qu'un VTT est un beau jouet et qu'il n'y a pas de mal à s'amuser avec, que l'on ait 10 ou 60 ans ! Si vous prenez la vie de ce côté-là, vous ne roulerez plus jamais comme avant !
Initiez vos copains et vos copines, votre femme, vos enfants... Offrez ce livre, parlez-en... Dites que le VTT, ça s'apprend ! Si je vous ai convaincu bien sûr...

Si vous voulez continuer à progresser, de nombreux moniteurs professionnels pourront répondre à toutes vos demandes :

• peaufiner votre technique, car si un livre était un moyen suffisant pour apprendre, cela se saurait... Le moniteur trouvera chez vous les raisons qui vous empêchent de progresser et vous apportera les solutions !

• vous faire découvrir de nouvelles techniques si vous êtes arrivé au bout de celles décrites dans ce livre : c'est alors le perfectionnement dans une discipline (descente, trial, cross-country*, dirt*...).

Les moniteurs de VTT sont regroupés sous une marque : MCF (Moniteurs cyclistes français). Ces professionnels de l'encadrement se remettent à niveau ou se perfectionnent eux aussi, pour vous apporter le meilleur du VTT...

Trouvez tout ce que vous cherchez sur leur site : www.moniteurcycliste.com

MCF moniteur cycliste français

Lexique

Aheadset **:** système récent de jeu de direction simplifié où le réglage du jeu s'effectue par une vis verticale et le blocage par la (ou les) vis de potence.

All-mountain **:** pratique du VTT non compétitive en montagne, alternant montées et descentes.

Amont : côté en direction du sommet de la pente (côté montagne) lorsque l'on traverse une pente en dévers.

Assiette : inclinaison du vélo plus ou moins sur l'avant ou l'arrière lorsque l'on est en l'air (pour un saut).

Aval : côté en direction du bas de la pente lorsque l'on traverse une pente en dévers (côté vallée).

Avaler une bosse : franchir une double bosse sur la roue arrière (en *manual*) ; la roue avant décolle au sommet de la bosse d'appel et se pose au sommet de la bosse de réception.

Braquet : se dit du plateau et du pignon utilisés à vélo et s'écrit sous la forme 44 x 22 pour un plateau de 44 dents et un pignon de 22 dents.

Bunny-up **:** geste qui consiste à lever la roue avant puis dans un second temps la roue arrière, mais avant que la roue avant ne soit retombée (comme un saut de lapin...).

Cabrage : geste qui s'effectue sans pédaler et qui consiste à lever la roue avant sur un court instant pour la poser plus loin ou plus haut.

Cabrer-enrouler : geste qui combine un cabrage avant une bosse simple puis un « enrouler de bosse* » afin de passer l'obstacle plus vite.

Cross-Country (ou X-Country ou XC) **:** pratique du VTT en compétition sur des parcours longs de 20 à 80 km qui alternent montées et descentes.

Développement : distance parcourue par une roue pour un tour de pédalier ; le développement est égal à la circonférence de la roue (environ 2 mètres) multiplié par le rapport*.

Dirt **:** pratique du VTT sur des bosses en terre visant à réaliser des figures.

Double : obstacle à sauter constitué d'une bosse d'appel et d'une bosse de réception, les deux étant séparées par un creux.

DH ou Downhill **:** pratique du VTT en descente sur piste autorisée.

Endo : autre appellation du lever de roue arrière.

Enduro : pratique du VTT en montagne favorisant les descentes, éventuellement compétitive sous la forme de « liaisons » et de « spéciales » en descentes chronométrées.

Enroulé (à l') : se dit lorsque l'on franchit des obstacles ou des virages serrés sans faire de déplacements de roues.

Enrouler une bosse : franchir une bosse (généralement simple) sans faire décoller ni la roue avant, ni la roue arrière.

Franchissement cabré : geste qui consiste à franchir ou à monter sur un obstacle en soulevant la roue avant par un cabrage, puis à poser la roue avant sur (ou après) l'obstacle, et ensuite à soulever la roue arrière.

Franchissement *wheeling* : geste identique mais la roue avant est soulevée grâce à un *wheeling* (donc en pédalant).

Gap : trou ou espace vide que l'on saute (ex : road-gap).

Lêcher le frein : se dit d'un freinage très doux.

***Manual* :** rouler sur la roue arrière sans pédaler.

***Nose-wheeling* :** rouler uniquement sur la roue avant.

Pédaler-freiner : technique d'évolution à basse vitesse pour maîtriser son allure et son équilibre sur un terrain très varié, grâce aux actions combinées du pédalage et du freinage.

Pied fort : c'est le pied avant lorsque, en position de base*, vous mettez naturellement les pieds au même niveau ; attention, celui-ci n'a rien à voir avec votre pied d'appel (saut en hauteur), le fait d'être droitier ou gaucher ou *regular* ou *goofie* (snowboard) !

Pied faible : à l'inverse c'est le pied que vous placez en arrière lorsque vous mettez naturellement les pieds au même niveau ; vous le repérerez par exemple en descente ou dans les sauts.

Pomper : action de pousser le guidon (donc la roue avant) dans la descente d'une bosse ou d'une cassure, ce qui vous fait accélérer.

Position de base : position où l'on se trouve debout sur le vélo (fesses levées), avec les pédales au même niveau (à l'horizontale).

Pouce : mesure américaine de distance ; 1 pouce = 2,54 cm ; s'écrit "

Rapport : nombre de tours que fait la roue arrière pour un tour de pédalier ; le rapport s'obtient en divisant le nombre de dents du plateau par le nombre de dents du pignon ; exemple : rapport de 4 pour un braquet de 44X11.

***Smooth* :** se dit d'un style de pilotage très fluide et très propre, sans bruit...

Sous-virage : légère perte d'adhérence de la roue avant qui provoque une sortie à l'extérieur du virage.

Sur-virage : légère perte d'adhérence de la roue arrière, ce qui provoque un tête à queue dans le virage.

***Step down* :** bosse avec zone de réception plus basse que l'appel.

***Step up* :** bosse avec zone de réception plus haute que l'appel.

***Street* :** pratique du VTT en ville, visant à faire des figures sur le mobilier urbain.

Table : obstacle à sauter constitué d'un appel et d'une zone de réception, les deux séparées par un plat (a contrario d'une double).

Transfert : saut d'une bosse vers une autre bosse qui n'est pas dans le même axe que la première.

Trial : pratique de compétition qui consiste à franchir des zones très techniques sans poser le pied ou tout autre appui au sol ou contre un élément de la zone (arbre...).

***Wheeling* :** rouler sur la roue arrière tout en pédalant (assis ou pas sur la selle).

L'auteur

Après un parcours universitaire (maîtrise STAPS éducation et entraînement), Bertrand RABATEL a enseigné l'EPS en lycée, puis à l'université (UFRAPS) avant de devenir moniteur VTT diplômé d'État 2e degré, entraîneur en descente puis formateur.

Il a cofondé en 1999 le Syndicat national des moniteurs cyclistes français qu'il a dirigé pendant 10 ans et qui regroupe désormais près de 600 professionnels sur toute la France.

En 2010, il crée une école de VTT emblématique, Natura Vélo, en Isère au lac de Paladru : www.naturavelo.com

Aujourd'hui, il dirige l'Institut de formation du vélo à Voiron où se déroule la formation des moniteurs et patrouilleurs VTT, mais aussi l'expertise sur l'enseignement et les techniques VTT de demain : www.formation-velo.com

Un grand merci à :
Ludmilla pour tout ce qu'elle m'apporte,
Vincent, Yannick, Maryline, Joffrey, Karine,
Mathieu, Prune, Magali, Cyril, Céline...
Benjamin, Thomas, Céline, Laura, Jonathan et Antoine pour les photos.
L'équipe de KONA Bikes pour les vélos.
L'office de tourisme des Deux-Alpes pour son aide...
L'office de tourisme de Charavines (Isère)
pour ses très beaux parcours autour du lac de Paladru.
Anne-Caro pour son professionnalisme.
Jacques-Marie pour sa gentillesse et ses compétences.
Pierre pour son humour et ses crayonnés au top. Bravo l'artiste !
Jean-Paul pour m'avoir fait confiance...

Prépresse et fabrication : Glénat Production

Couvent Sainte-Cécile
37, rue Servan
38000 Grenoble

Dépôt légal : avril 2012
ISBN : 978-2-7234-8925-6

Achevé d'imprimer en Espagne en juin 2015 par Indice S.L., sur papier provenant de forêts gérées de manière durable.